Mix
Genuss
AF558232
LEICHTE
PROTEINREICHE
REZEPTE

FRÜHSTÜCK & SÜSSES

Eiweißbrot mit Karotten 8
Hüttenkäse-Aufstrich 10
Paprika-Frischkäse 11
Belegte Brote: Lachs-Rucola 12
Avocado-Ei 13
Bananen-Kekse 14
Schoko-Granola 15
Carrotcake Porridgebowl 16
Bananen Shake mit Mandeln 17
Pudding-Oats mit Quark 18
Löffelkuchen mit Himbeeren 20
Protein Cheesecake 22
Protein Kilokicker 23
Protein Apple Pie 24
Kiwi Bananen Nicecream 26
Tropical Frozen Quark 27

BOWLS, SALATE & TO GO

Leichtes Dressing 30
Cocktail-Dressing 31
Gurken Gazpacho 32
Tomaten Gazpacho 33
Coca de Trampó 34
Fitness Sandwich 36
Thunfisch Wrap 38
Gemüse Wrap mit Avocadocreme 39
Tomatensuppe mit Quinoa 40
Asiatische 5-Minuten-Terrine 42
Mexican Linsen-Burrito 44
Kichererbsen-Couscous-Salat 46
Asiatischer Glasnudelsalat 48
Reis Bowl mit Tofu & Mango 50
Poké Bowl mit Lachs 52

Red Pepper Couscous Bowl 54
Mediterrane Gemüsebowl 56
Buddha Bowl mit Erdnussdressing 58
Falafel Bowl mit Currydressing 60
Spinat-Quinoa-Salat 62
Frühlings-Nudelsalat mit Joghurtdressing 64
Apfel-Rote Beete-Carpaccio 66
Exotischer Garnelensalat 68
Bunter Kichererbsensalat 69

WARME GERICHTE

Gemüsereis 72
Tomatenreis 73
Sauce ohne Reue 74
Zucchini-Feta-Quark 75
Protein Chicken Nuggets 76
Ofen-Möhrchen 77
Orangen-Kürbissuppe 78
Ruck Zuck Zucchinisuppe 80
Mediterrane Fischsuppe 82
Linsensuppe mit Spinat & Tofu 84
Gefüllte Paprika mit Lachs 86
Gemüsekuchen 'Pizza Style' 88
Dorade mit Gemüse 90
Kichererbsencurry mit Süßkartoffel 92
Ceasar Salad mit Ei 94
Lachs Burger mit Senfsauce 96
Bauerntopf 'Veggie Style' 98
Minestrone mit Fetakäse 100
Quinoa Nuggets 102
Ofen-Süßkartoffel mit Lachs 104
Steakhouse Teller aus dem Ofen 106
Wok Sauce mit Kokosmilch 108
Asia Teller mit Udon-Nudeln 110
Zitronen-Hähnchen 112
Linsenpasta mit Gemüse 114
Tandoori-Blumenkohl mit Reis 116

Allgemeine INFOS

Abnehmen funktioniert nach einem einfachen Grundprinzip:

Sie brauchen ein Kaloriendefizit! Das heißt: Essen Sie weniger, als Sie verbrauchen, nehmen Sie ab. Ja, klingt sehr einfach – ist es auch. Ich muss ehrlich sagen, damit habe ich die beste Erfahrung gemacht. Durch die richtige Auswahl der Rezepte ist man lange satt und hungert nicht. Der Vorteil: Man hält die Diät länger durch.

Es gibt am Markt mittlerweile jede Menge Apps, um die Kalorien-Anzahl zu tracken. Die meisten Apps kann man sich kostenlos auf's Smartphone laden. Ein weiterer Vorteil ist, dass man ein Gefühl dafür bekommt, welche Lebensmittel viele Kalorien und Fett enthalten und welche wenig.

Zusätzlich gibt es bei einigen Apps die Möglichkeit, diese mit einer Smartwatch/Fitnessuhr zu koppeln. So können Sie an Tagen, an denen Sie Sport machen, auch mehr essen oder sich mal etwas gönnen. Es bedarf am Anfang etwas Zeit und Planung, aber man kommt sehr schnell rein. Und wenn die Pfunde zu purzeln beginnen, freut man sich umso mehr.

Jo-Jo-Effekt? Bei einer langfristigen proteinreichen Ernährung (bei, der man zugleich auch den Anteil an Kohlenhydraten reduziert) bleibt der Effekt aus und Sie können langfristig schlank bleiben! Wer aber nach einer Eiweißdiät wieder deutlich mehr Kohlenhydrate isst, wird mit dem Jo-Jo-Effekt rechnen müssen. Die Ernährung muss also langfristig auf eine eiweißreiche Ernährung umgestellt werden.

Bei Rezepten mit diesem Symbol raten wir, noch mehr Proteine hinzuzufügen. Ein Tipp ist beim jeweiligen Rezept mit angegeben.

Rezepte mit diesem Symbol können Sie gut mitnehmen oder auch vorbereiten, wenn es mal stressig ist. Bitte beachten Sie, dass manche Rezepte gekühlt werden sollten, z.B. Poké Bowl mit Lachs.

In diesen Lebensmittelgruppen finden Sie viele proteinreiche Lebensmittel:

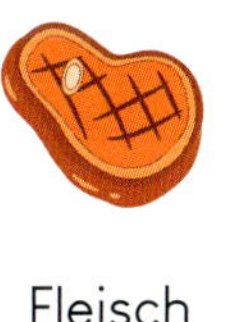

Fleisch

Fisch & Meeresfrüchte

Eier

Milchprodukte

Hülsenfrüchte

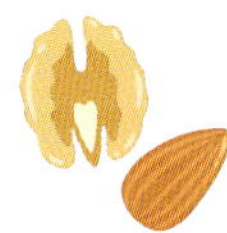

Nüsse & Kerne

Vollkorngetreide

Soja-Produkte

Rezeptideen

FRÜHSTÜCK & SÜSSES

Manche können auf das Frühstück leicht verzichten. Andere wiederum brauchen etwas im Magen, um gut in den Tag zu starten.

Auf den nächsten Seiten finden Sie Ideen für ein schnelles Frühstück, die jede Menge Proteine enthalten.

Egal ob süß oder herzhaft, Sie haben die Wahl. Die Frühstücksideen sind auch perfekt zum Mitnehmen geeignet.

Wenn Sie dann am Nachmittag Lust auf etwas Süßes bekommen, ist ein Proteinjoghurt oder -pudding der ideale Snack für zwischendurch. Somit erhöhen Sie die tägliche Proteinmenge und haben keinen zusätzlichen Kochaufwand. Da die Essensplanung und Rezepte teilweise viel Zeit in Anspruch nehmen, finden Sie im Buch nur eine kleine Auswahl an süßen Snacks.

Es muss nicht immer aufwendig sein: Einfach etwas Naturjoghurt mit Früchten und Granola genießen. Ich gebe immer noch Bienenpollen dazu. Sie sind ein nahezu vollkommenes Nahrungsmittel. Sie enthalten viel Eiweiß und sind reich an Vitaminen, Spurenelementen, Enzymen und Mineralstoffen. Auch sekundäre Pflanzenstoffe wie Phytosterine und Flavonoide sind enthalten und sorgen für eine Stärkung des menschlichen Körpers.

FRÜHSTÜCKS-TIPP

Hier in einem 200 ml Glas geschichtet: 30 g Haferflocken, 60 g Naturjoghurt light oder Magerquark mit 15 g Granola und etwas Obst. Die Zutaten können Sie schon am Vortag ins Glas schichten und am nächsten Tag mitnehmen.

16 Portionen

EIWEISSBROT mit Karotte

GO

PRO PORTION:

155 kcal | 9,3 g EW | 20,5 g KH | 3,2 g Fett

TIPP: Die Brotscheiben lassen sich auch gut einfrieren!

ZUTATEN

1	Karotte
500 g	Magerquark
1 EL	Salz
3	Eier (Gr. M)
500 g	feine Haferflocken
2 P.	Backpulver

ZUBEREITUNG

Eine Kastenform (30 cm) mit Backpapier auslegen. Karotte in den Mixtopf geben und **5 Sek./Stufe 5** zerkleinern. Quark, Salz und Eier zugeben und **20 Sek./Stufe 4** verrühren. Haferflocken und Backpulver zugeben und **30 Sek./Stufe 5** mixen. Dabei den Spatel zu Hilfe nehmen. Ggf. nochmals auf **Stufe 5** weiter mixen. Es sollte eine gleichmäßige Masse entstehen.
Teig in die Form füllen und 10 Min. ruhen lassen. In dieser Zeit Backofen auf 180°C Umluft vorheizen.

Kastenbrot auf dem Gitterrost im unteren Drittel des Backofens ca. 45 Min. backen. Brot aus der Form stürzen, Backpapier entfernen und auf dem Rost nochmal 5 Min. in den Ofen geben. Dann wird es ringsherum schön knusprig.

TIPP: Bestreichen Sie das Brot mit fettarmen Frischkäse oder Hüttenkäse und belegen Sie es mit Rucola und Tomaten. Etwas Brottopping darüber streuen!

TOPPING FÜR BROTE

1 EL schwarzer Sesam
1 EL heller Sesam
1 EL Knoblauchgranulat, grob
1 EL Zwiebelgranulat, grob
1 EL feines Meersalz
1 EL Mohn

Alle Zutaten vermischen und in ein Schraubglas füllen. Perfekt zum Beispiel auf's Brot, über Gemüse, Salat usw.

Hüttenkäse-AUFSTRICH

*6 Portionen (à 70 g)**

ZUTATEN

20 g rote Zwiebel
60 g Radieschen
30 g Karotte
200 g körniger Frischkäse, 0,8% (Hüttenkäse)
1 EL Zitronensaft
60 g Frischkäse light, 0,2% (z.B. Philadelphia)
etwas Salz & Pfeffer
1/4 TL Paprikapulver, edelsüß
1 kl. Frühlingszwiebel (30 g), in feine Ringe geschnitten

ZUBEREITUNG

Zwiebel, Radieschen und Karotte im Mixtopf **5 Sek./Stufe 5** zerkleinern. Mit dem Spatel nach unten schieben.

Restliche Zutaten zugeben und **20 Sek./Stufe 2.5** verrühren.

**Reicht für eine Scheibe Brot.*

PRO PORTION:

47 kcal | 5,7 g EW | 1,7 g KH | 1,7 g Fett

Paprika-FRISCHKÄSE

4 Portionen (à 70 g)*

ZUTATEN

1	gr. rote Paprika
1	Knoblauchzehe
20 g	Fetakäse light, 9% (z.B. Salakis)
150 g	Frischkäse light, 0,2% (z.B. Philadelphia)
1 TL	ital. Kräuter, getr.
etwas	Salz & Pfeffer

ZUBEREITUNG

Paprika im Ganzen auf ein Backblech geben und bei 180°C Ober-/Unterhitze 30 Min. garen, bis die Haut schwarz wird. Danach aus dem Ofen nehmen und ein feuchtes Geschirrtuch darüberlegen. Abkühlen lassen. Haut und Kerne entfernen.

Knoblauch im Mixtopf **5 Sek./Stufe 5** zerkleinern. Paprika-Fruchtfleisch (ca. 100 g) zugeben und **10 Sek./Stufe 4** mixen. Restliche Zutaten zugeben und **30 Sek./Stufe 3.5** cremig rühren.

**Reicht für eine Scheibe Brot.*

PRO PORTION:

51 kcal	5,4 g EW	5,2 g KH	1 g Fett

Lachs-Rucola

1 Portion

1 Toastie (Vollkorn) hat nur 108 Kcal.

ZUTATEN

1	Vollkorn-Toastie
30 g	körniger Frischkäse, 0,8% (Hüttenkäse)
50 g	Räucherlachs
etwas	Rucola
etwas	Zitronensaft
etwas	Gewürzsalz
etwas	Zwiebel, in Ringen

ZUBEREITUNG

Eine Inspiration für leckere Frühstückssnacks: Belegen Sie einfach jede Hälfte des Toasties mit Hüttenkäse, Rucola, Lachs und etwas Zwiebel.

TIPP: Wer möchte, kann noch Kapern darüber geben. Dazu können Sie ein gekochtes Ei, Tomaten, Gurkensticks, Karotten usw. servieren. Auch als Abendessen geeignet.

TIPP:
Aus den Toasties können Sie auch Burger z.B. mit Avocado oder Spiegelei zaubern.

PRO PORTION:

234 kcal | 20,5 g EW | 22,5 g KH | 6,4 g Fett

Avocado-Ei

1 Portion

ZUTATEN

1 Scheibe Vollkornbrot
1 EL Frischkäse light, 0,2% (z.B. Philadelphia)
1/2 Avocado
1 Spiegelei

ZUBEREITUNG

Brot im Toaster toasten und mit Frischkäse bestreichen. Avocado in dünne Spalten schneiden und darauf legen. Mit einem Spiegelei servieren.

Super schnell und eine wirklich leckere Kombi!

TIPP:

Wer möchte, kann die Avocado auch mit einer Gabel zerdrücken und mit etwas Limettensaft vermengen.

Die zweite Hälfte der Avocado können Sie z.B. für eine Bowl verwenden.

TIPP
Das Topping für Brote finden Sie auf Seite 9.

PRO PORTION:

330 kcal	12,1 g EW	17,7 g KH	19 g Fett

Bananen-KEKSE

9 Stück

ZUTATEN

2	sehr reife Bananen
100 g	feine Haferflocken
25 g	backfeste Schokodrops (weiße o. dunkle Schokolade)

ZUBEREITUNG

Backofen auf 180°C Umluft vorheizen. Bananen im Mixtopf **5 Sek./Stufe 5** mixen. Haferflocken und Schokodrops zugeben und **10 Sek./Stufe 3** mischen.

Ein Backblech mit Backpapier belegen und mit einem Esslöffel 9 Portionen darauf geben. Etwas flach drücken und für ca. 15 Min. backen, bis sie schön dunkel sind.

PRO KEKS:

87 kcal | 1,4 g EW | 14,8 g KH | 1,6 g Fett

Schoko- GRANOLA

ergibt ca. 30 EL

ZUTATEN

200 g feine Haferflocken
15 g Backkakao
20 g Kokosöl
20 g Ahornsirup
25 g Kokosraspeln
etwas Vanillearoma

ZUBEREITUNG

Alle Zutaten in den Mixtopf geben und **10 Sek./ ↺ /Stufe 4** vermengen.

Auf ein mit Backpapier belegtes Backblech geben und im vorgeheizten Backofen bei 160°C Umluft ca. 15-20 Min. rösten. Abkühlen lassen und zur Aufbewahrung in ein luftdichtes Gefäß füllen.

2 EL GRANOLA:

kcal

2,1 g EW

8,9 g KH

3,5 g Fett

GO

Carrotcake PORRIDGEBOWL

1 Portion

ZUTATEN

1	kl. Karotte (50 g)
30 g	feine Haferflocken
40 g	Wasser
80 g	Milch, 1,5%
1 TL	Ahornsirup
1 TL	Zimt
100 g	Quarkcreme, 0,2% Fett
10	Heidelbeeren
5	Brombeeren
1 TL	Kürbiskerne

ZUBEREITUNG

Karotte im Mixtopf **10 Sek./Stufe 5** hacken. Haferflocken, Wasser, Milch, Ahornsirup und Zimt zugeben und **4 Min./90°C/Stufe 1** garen. Quark zugeben und **10 Sek./Stufe 3** mischen.

Mit Obst und Kürbiskernen garniert servieren.

TIPP: Variieren Sie die Bowl mit verschiedenen Früchten.

PRO PORTION:

289 kcal | 17,7 g EW | 36,2 g KH | 6,3 g Fett

BANANEN SHAKE *mit Mandeln*

1 Portion

ZUTATEN

1/2	Banane (50 g)
100 g	Quarkcreme, 0,2% Fett (z.B. Exquisa)
15 g	Mandeln, blanchiert
100 g	Mandelmilch

ZUBEREITUNG

Alle Zutaten in den Mixtopf geben und **30 Sek./Stufe 10** mixen.

+P

TIPP: Wer möchte, kann noch etwas Proteinpulver zugeben, z.B. Vanille oder Schoko. Damit der Shake nicht zu dickfüssig wird, noch etwas Wasser hinzufügen.

PRO PORTION:

210 kcal | 13,8 g EW | 15,9 g KH | 10,2 g Fett

2 Portionen

PUDDING-OATS mit Quark

GO

PRO PORTION:

kcal

9,8 g EW

25,8 g KH

1,9 g Fett

ZUTATEN

1/2	Apfel, entkernt
1 EL	Puddingpulver Vanille oder Schokolade (10 g)
100 g	Milch, 1,5%
100 g	Wasser
25 g	feine Haferflocken
1 TL	Zimt
etwas	Vanilleextrakt
1 TL	Ahornsirup
150 g	Quarkcreme, 0,2% Fett (z.B. Exquisa)

ggf. Obst zum Belegen

TIPP: Als Topping können Sie frische Früchte nach Wahl darauf geben. Alternativ zur Quarkcreme können Sie auch Skyr oder fettarmen Naturjoghurt verwenden.

ZUBEREITUNG

Apfel im Mixtopf **5 Sek./Stufe 5** zerkleinern. Mit dem Spatel nach unten schieben. Restliche Zutaten (außer Quark) zugeben und **3 Min./100°C/Stufe 2** kochen. Mixtopfdeckel abnehmen und 10 Min. abkühlen lassen. Quarkcreme zugeben und **10 Sek./Stufe 3** mischen.

In 2 kleine Schalen füllen und lauwarm oder kalt genießen. Kann auch über Nacht im Kühlschrank aufbewahrt werden.

GO

LÖFFELKUCHEN

mit Himbeeren

2 Portionen

TIPP: Zum Belegen können Sie auch andere Früchte verwenden, z.B. Erdbeeren, Heidelbeeren, Kirschen oder Stachelbeeren.

PRO PORTION:

223 kcal | 17,1 g EW | 31,1 g KH | 1,6 g Fett

FÜR DEN TEIG

100 g	Milch, 1,5%
10 g	Proteinpulver mit Beeren- oder Vanillegeschmack
50 g	Weizenmehl, Type 405
1 TL	Backpulver

AUSSERDEM

160 g	Heidelbeer-Proteinpudding, z.B. von YoPRO (altern. Proteinjoghurt)
150 g	Himbeeren
1/2 P.	roter Tortenguss
250 g	Wasser

ZUBEREITUNG

Alle Teigzutaten im Mixtopf **20 Sek./Stufe 2.5** verrühren. In eine ofenfeste Glasform (ca. 12 x 18 cm) geben und im vorgeheizten Backofen bei 180°C Ober-/Unterhitze ca. 12 Min. backen.

Danach abkühlen lassen und Joghurt und Himbeeren darauf geben. Tortenguss nach Packungsanweisung zubereiten und über die Früchte geben. Bis zum Genießen kalt stellen.

TIPP: Probieren Sie auch andere Kombinationen aus: Vanille-Proteinpudding und Mango, Haselnuss-Proteinpudding und Banane, Orangen-Proteinpudding mit Pfirsich oder Aprikose. Bei diesen Früchten verwenden Sie klaren Tortenguss.

GO

Protein CHEESECAKE

4 Stücke

ZUTATEN

1	Ei (Gr. M)
1 TL	Zitronenschalenabrieb
1 TL	Zitronensaft
50 g	Proteinpulver, Vanillegeschmack
500 g	Quarkcreme, 0,2% Fett (z.B. von Exquisa)
1	Pomelo (altern. Orange)

ZUBEREITUNG

Alle Zutaten (außer Pomelo) im Mixtopf **20 Sek./Stufe 4** mixen. In eine mit Backpapier ausgelegte Springform (Ø 20 cm) füllen. Mit Pomelofilets belegen und im vorgeheizten Backofen bei 150°C Ober-/Unterhitze ca. 50 Min. backen. Abkühlen lassen und genießen.

PRO STÜCK:

204			
kcal	27,7 g EW	18,3 g KH	2,4 g Fett

Stillstand auf der Waage?

DANN VERSUCHEN SIE DAS HIER:

Protein KILOKICKER

2 Portionen

2 STD. VOR DEM SCHLAFEN GEHEN ESSEN.

Die hohe Menge an Eiweiß in Kombination mit Vitamin C soll einen positiven Effekt auf die Fettverbrennung haben. Sie sollten den Kilokicker als Abendessen zu sich nehmen. Durch die anschließende lange Essenspause über Nacht kann am meisten Fett verbrannt werden.

ZUTATEN

4	Eiweiß
1 EL	Zitronensaft
500 g	Magerquark

ZUBEREITUNG

Rühraufsatz in den Mixtopf einsetzen. Eiweiß und Zitronensaft zugeben. Das Ganze auf **Stufe 4** ca. 2 Min. steif schlagen. Quark zugeben und **10 Sek./Stufe 3** unterrühren. Bis zum Servieren kalt stellen.

PRO PORTION:

203			
kcal	37,4 g EW	10,8 g KH	0,5 g Fett

GO

Protein
APPLE PIE

4 Portionen

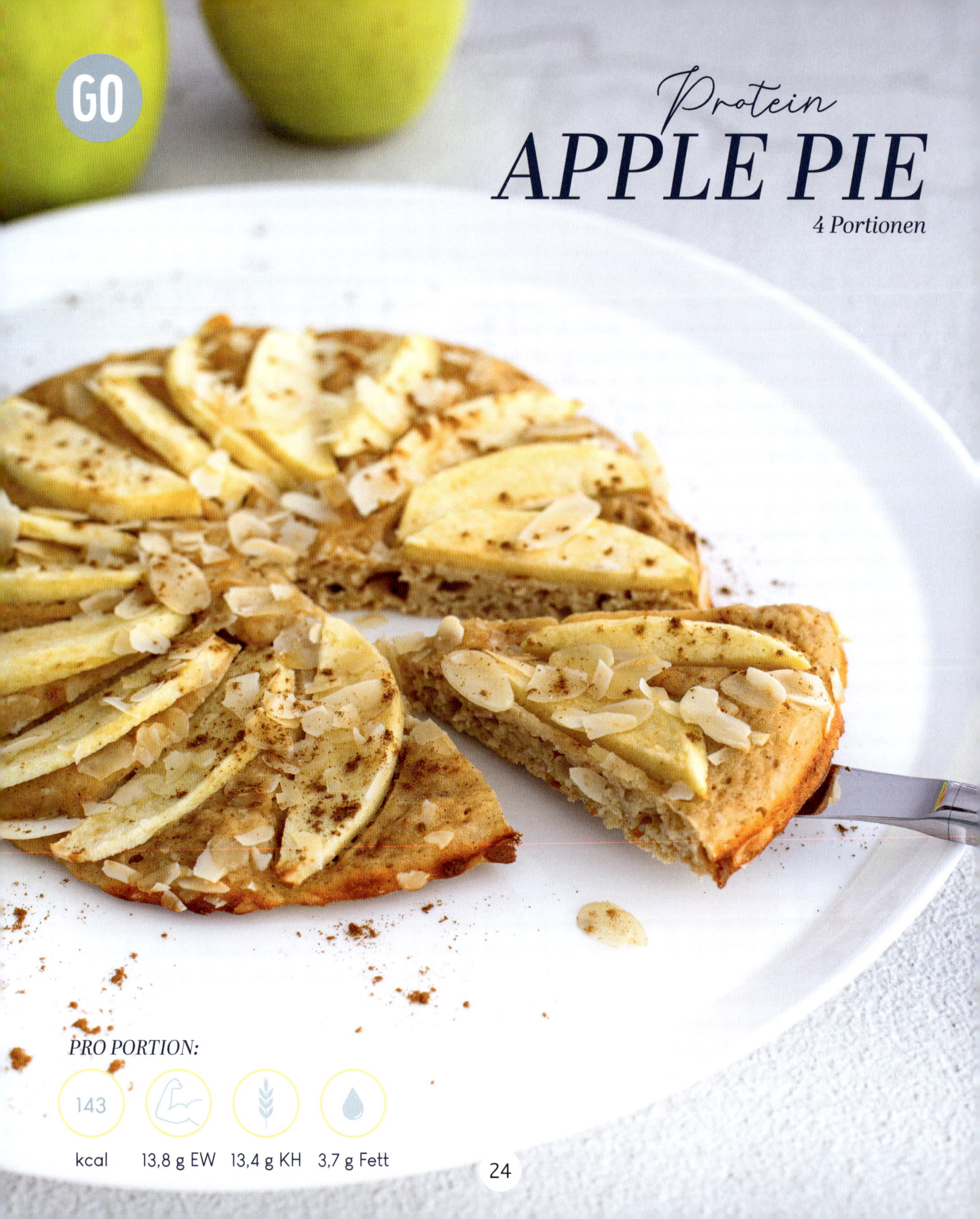

PRO PORTION:

kcal

13,8 g EW

13,4 g KH

3,7 g Fett

ZUTATEN

1	Apfel
150 g	Magerquark
1	Ei (Gr. M)
30 g	Proteinpulver, Vanillegeschmack
etwas	Vanilleextrakt
30 g	Weizenmehl, Type 405
5 g	Backpulver
1 TL	Zimt
1 EL	Mandelblättchen

TIPP: Je nach Saison können Sie den Kuchen noch mit frischen Beeren belegen.

ZUBEREITUNG

Backofen auf 175°C Ober-/Unterhitze vorheizen. Eine kleine Springform (Ø 20 cm) mit Backpapier auslegen. Apfel schälen und in Spalten schneiden.

Quark und Ei im Mixtopf **20 Sek./Stufe 3** verrühren. Proteinpulver, Vanilleextrakt, Mehl, Backpulver und Zimt zugeben und **20 Sek./Stufe 3.5** vermengen.

Teig in die Springform geben und glatt streichen. Mit den Apfelspalten belegen und mit Mandelblättchen bestreuen. Im vorgeheizten Backofen ca. 25 Min. backen. Vor dem Servieren nochmal mit etwas Zimt bestreuen.

Vorbereitung:
Obst am Vortag einfrieren.

Kiwi Bananen NICECREAM

2 Portionen

ZUTATEN

120 g	Kiwi
230 g	Banane
20 g	Mandelmus
10 g	Milch, 1,5%
1 TL	Pistazien, gehackt

ZUBEREITUNG

Kiwi und Banane in Stücke schneiden und einfrieren.

Am nächsten Tag gefrorene Kiwi und Banane im Mixtopf **6 Sek./Stufe 9** zerkleinern. Mandelmus und Milch zugeben und **10 Sek./Stufe 5** mixen. Mit dem Spatel nach unten schieben und weitere **5 Sek./Stufe 5** cremig rühren. Mit gehackten Pistazien bestreut sofort servieren.

PRO PORTION:

229 kcal

4,6 g EW

29,5 g KH

8,1 g Fett

Tropical FROZEN QUARK

1 Portion

ZUTATEN

200 g	Quarkcreme, 0,2% Fett (z.B. von Exquisa)
5-8	Minzeblätter
130 g	gefrorene Früchte (tropischer Fruchtmix)
1 TL	Honig
1/2	Maracuja
3	Himbeeren
2	Brombeeren

ZUBEREITUNG

Quarkcreme in einer Schüssel abwiegen und für 30 Min. ins Gefrierfach stellen.

Minzeblätter im Mixtopf **5 Sek./Stufe 8** hacken. Gefrorene Früchte zugeben und **5-8 Sek./Stufe 10** mixen. Mit dem Spatel nach unten schieben und **5 Sek./Stufe 5** mixen. Quarkcreme und Honig zugeben und so lange auf **Stufe 4.5** rühren, bis eine gleichmäßige Masse entstanden ist. Mit Früchten garnieren und servieren.

PRO PORTION:

208 kcal | 18 g EW |  27,3 g KH |  1,1 g Fett

Rezeptideen

BOWLS, SALATE & TO GO

Eine gute Essensplanung ist die ideale Voraussetzung, um gut durch den Tag zu kommen. Am besten nimmt man sich einen Tag vorher die Zeit, um die Mahlzeiten für den nächsten Tag zu planen.

Gerade wenn man unterwegs ist, greift man gerne mal zu Essen vom Bäcker, der Metzgerei oder der Fast-Food-Kette. Hier sind jedoch jede Menge Kalorien und Fette versteckt. Also besser das eigene Essen in einer Lunchbox mitnehmen, sich gemütlich auf eine Parkbank setzen und ohne schlechtes Gewissen genießen.
Auch eine Trinkflasche mit Wasser sollten Sie immer dabei haben, denn ausreichend trinken ist sehr wichtig!

FÜLLMENGE GLAS

Für die To-Go-Gerichte im Glas haben wir 500 ml Gläser verwendet.

TOPPING TIPP:

Geröstete Kichererbsen

Knuspriges Topping für Salate und Bowls. Auch ideal zum Snacken vor dem Fernseher!

Und so geht's:
200 g Kichererbsen (Dose)
2 TL Olivenöl
1 TL Paprikapulver, geräuchert
1 TL Knoblauch, granuliert
1 TL Salz

Kichererbsen waschen, auf einem Küchenkrepp trocknen und lose Schalen entfernen. Kichererbsen in eine Schüssel geben, Öl und Gewürze zugeben und vermengen. Backofen auf 180°C Umluft vorheizen. Kichererbsen auf ein mit Backpapier belegtes Backblech geben und im vorgeheizten Backofen ca. 20–25 Min. rösten. Nach der Hälfte der Zeit etwas wenden.

Auch perfekt zum Vorbereiten und Mitnehmen geeignet!

BUNTE BOWLS

Auf den nächsten Seiten finden Sie viele leckere bunte Bowl-Rezepte. Die Rezepte sind entweder für eine oder zwei Bowls ausgelegt und können nach Wunsch auch verdoppelt werden. Die Zubereitungszeiten für den Thermomix bleiben gleich. Sie müssen nur alle Zutaten verdoppeln.

Leichtes DRESSING

2 Portionen

ZUTATEN

1 kl. Handvoll Rucola

5–6	Basilikumblätter
1	kl. Knoblauchzehe
100 g	Quarkcreme, 0,2% Fett (z.B. von Exquisa)
1 TL	Ahornsirup
1/2	Limette, Saft davon
25 g	Rotweinessig
etwas	Salz & Pfeffer

ZUBEREITUNG

Rucola, Basilikum und Knoblauch im Mixtopf **5 Sek./Stufe 6** hacken. Restliche Zutaten zugeben und **10 Sek./Stufe 3** mixen.

Über den Salat geben und gut vermengen.

TIPP: Lecker zu einem gemischten Blattsalat oder zu einer Gemüse-Bowl.

PRO PORTION:

kcal

4,8 g EW

4,6 g KH

0,2 g Fett

Auch sehr lecker zu Garnelen!

Cocktail-DRESSING

2 Portionen

ZUTATEN

100 g	Naturjoghurt, 1,5%
1 TL	Worcester Sauce
1 TL	Tomatenmark
2 EL	Salatmayonnaise
1 EL	Weißweinessig
etwas	Salz & Pfeffer

ZUBEREITUNG

Alle Zutaten miteinander verrühren. Passt sehr gut zu gemischtem Salat, Garnelencocktail, Hähnchensalat oder auch zu Nudelsalat.

PRO PORTION:

kcal

2,9 g EW

5 g KH

8,1 g Fett

GO

Gurken GAZPACHO

8 kl. Portionen

ZUTATEN

1	Avocado
1	Bio-Salatgurke, ungeschält (300 g)
20 g	Stangensellerie
100 g	Milch, 1,5%
400 g	Naturjoghurt 1,5%
1	kl. Zitrone, Saft davon
1 TL	Honig
1 EL	Rotweinessig
1 gestr. TL	Salz
1/4 TL	Pfeffer, gem.

Zum Servieren:
Gurkenscheiben, Kräuter und ggf. etwas Chiliflocken

ZUBEREITUNG

Avocado-Fruchtfleisch mit allen Zutaten in den Mixtopf geben und **10 Sek./Stufe 9** mixen. Auf kleine Gläser verteilen und mit etwas Gurke und Kräutern garnieren.

Idealer Snack für heiße Sommertage!

PRO PORTION:

99 kcal | 3,9 g EW | 6,1 g KH | 5,1 g Fett

GO

Tomaten GAZPACHO

6 kl. Portionen

ZUTATEN

1	rote Spitzpaprika, in Stücken
1 Stange	Sellerie, in Stücken
500 g	Tomaten, in Stücken
70 g	Salatgurke, geschält
1	Knoblauchzehe
10 g	Olivenöl
10 g	Rotweinessig
2 TL	Gemüsebrühpulver
etwas	Salz & Pfeffer

Zum Servieren:
Gurkenwürfel, Basilikum und halbierte Cocktailtomaten

ZUBEREITUNG

Alle Zutaten in den Mixtopf geben und **10 Sek./Stufe 5** mixen. Auf kleine Gläser verteilen und mit etwas Gurke, Basilikum und Tomaten garnieren.

PRO PORTION:

41 kcal | 1,2 g EW | 4 g KH | 1,8 g Fett

Coca de TRAMPÓ

4 Portionen

TIPP: Als Proteinquelle kann hier magerer Schinken oder körniger Frischkäse dienen. Einfach oben auf die gebackene Tarte geben.

PRO PORTION:

kcal | 11,6 g EW | 34,4 g KH | 8,6 g Fett

FÜR DEN TEIG

170 g Dinkelvollkornmehl
150 g Quarkcreme, 0,2% Fett (z.B. Exquisa)
1 EL Olivenöl
1 TL Salz
1 EL Wasser

FÜR DEN BELAG

2 grüne Spitzpaprika
1 rote Paprika
1 rote Zwiebel
2 Tomaten
1 TL Salz
1 TL mediterrane Kräuter, getr.
1 EL Olivenöl

REZEPTIDEEN MIT DEM TEIG

Den Teig können Sie natürlich auch nach Lust und Laune belegen oder auch auf's Blech geben und eine **Gemüsepizza** mit wenig Käse zaubern. Wenn Sie nur den Teig (ohne Belag) backen, können Sie daraus **Knäckebrot** herstellen und im Anschluss kalt z.B. mit Hüttenkäse und Lachs belegen.

ZUBEREITUNG

Alle Teigzutaten im Mixtopf **15 Sek./Stufe 4** vermengen. Teig in eine Tarteform (ca. 14 x 36 cm) oder in eine mit Backpapier ausgelegte Springform (Ø 24 cm) geben und am Boden andrücken. Wenn der Teig etwas klebt, einfach die Hände anfeuchten.

Gemüse klein würfeln und mit Salz, Kräutern und Olivenöl vermengen. Auf den Teig geben und im vorgeheizten Backofen bei 200°C Ober-/Unterhitze ca. 15 Min. backen. Temperatur auf 170°C zurückregeln und weitere 10 Min. backen. Vollständig abkühlen lassen.

Coca de Trampó isst man traditionell kalt als Snack. Natürlich können Sie das Gericht auch warm mit Salat genießen.

GO

Fitness SANDWICH

1 Portion

mit Lachs oder Hähnchen

MIT LACHS:

kcal | 19,3 g EW | 24,7 g KH | 15,1 g Fett

ZUTATEN

2 Scheiben Brot / Vollkorntoast (pro Scheibe 25 g)
8–10 Babyspinatblätter
2 dünne Scheiben Tomaten
etwas Gewürzsalz*
30 g Räucherlachs oder 50 g Hähnchenbrustaufschnitt (z.B. Herta Finesse)
etwas Limettensaft
etwas rote Zwiebel
1 Ei, hart gekocht
20 g Naturjoghurt, 1,5%
1 TL Salatmayonnaise (5 g)
etwas Salz & Pfeffer

**Tipp: Dazu passt sehr gut das Gewürzsalz SOSO Pandora.*

MIT HÄHNCHEN:

kcal	322
Protein	24,6 g
KH	24,6 g
Fett	13,1 g

ZUBEREITUNG

Brotscheiben im Toaster toasten. Eine Scheibe mit Babyspinatblättern und Tomatenscheiben belegen. Mit etwas Gewürzsalz würzen. Lachs darauf geben und mit etwas Limettensaft beträufeln. Rote Zwiebel und Ei in Scheiben schneiden und auf das Sandwich legen.

Nun Joghurt und Mayonnaise verrühren und auf das Ei geben. Nochmal mit Salz und Pfeffer würzen. Zweite Brotscheibe darauf geben und ggf. mit Spießen fixieren. In der Mitte durchschneiden.

Thunfisch WRAP

GO

1 Wrap

ZUTATEN

1	Tortilla Maxi Wrap (60 g)
30 g	Frischkäse light, 0,2% (z.B. Philadelphia)
etwas	Salz & Pfeffer
20 g	gemischter Blattsalat
100 g	Thunfischfilet in Öl, abgetropft
10 g	Rotkraut
10 g	rote Paprika
etwas	Petersilie gehackt
1 TL	Zitronensaft

ZUBEREITUNG

Tortilla-Fladen komplett mit Frischkäse bestreichen und mit Salz und Pfeffer würzen. Salat und Thunfisch mittig darauf geben, mit Zitronensaft beträufeln. Rotkraut und Paprika fein hobeln und darüber geben. Mit Petersilie bestreuen und aufrollen!

TIPP:

Statt Thunfisch können Sie auch Hähnchenbrustaufschnitt oder gegartes Putenfleisch verwenden.

PRO PORTION:

453 kcal | 34,1 g EW | 34,5 g KH | 19,5 g Fett

Gemüse WRAP mit Avocadocreme

3 Wraps

ZUTATEN

3	Tortilla Maxi Wrap (60 g)
1	Tomate
1/4	Salatgurke
1	Ei, hart gekocht
40 g	Rotkraut
1/4	rote Zwiebel
einige	Babyspinatblätter
60 g	Mais

FÜR DIE AVOCADOCREME

1	Avocado
1 Handvoll Minze	
1/2	Limette, Saft davon
40 g	Naturjoghurt, 1,5%
etwas	Salz & Pfeffer

ZUBEREITUNG

Für die Creme alle Zutaten im Mixtopf **5 Sek./Stufe 5** mixen, dann mit dem Spatel nach unten schieben und **20 Sek./Stufe 3** cremig rühren.

Tortilla-Fladen mit der Creme bestreichen. Tomate, Gurke und Ei klein schneiden. Rotkraut und Zwiebel fein hobeln. Zusammen mit Spinat und Mais mittig auf dem Wrap platzieren und aufrollen.

PRO PORTION:

405 kcal	11,5 g EW	40,3 g KH	18,3 g Fett

GO

TOMATENSUPPE

mit Quinoa

1 Portion

PRO PORTION:

273 kcal

13,8 g EW

35,4 g KH

6,8 g Fett

ZUTATEN

2	Champignons
50 g	Zucchini
50 g	rote Paprika
3 EL	gekochte Quinoa*
5-6	Basilikumblätter, gehackt
1 EL	geriebener Parmesan

FÜR DIE WÜRZPASTE

1	Knoblauchzehe
1/2	Tomate
50 g	Tomatenmark
1 TL	Sojasauce
1 TL	Oregano, getr.
1 TL	Paprikapulver, edelsüß
2 geh. TL	Gemüsebrühpulver
etwas	Salz & Pfeffer

*Rohgewicht: 20 g. Wenn Sie 40 g kochen, können Sie auch noch die Bowl auf Seite 56 zubereiten.

SO GEHT'S:

Zur Zubereitung einfach mit kochendem Wasser (ca. 200 g) auffüllen, 5 Min. ziehen lassen und genießen!

ZUBEREITUNG

Für die Würzpaste Knoblauch und Tomate in den Mixtopf geben und **5 Sek./Stufe 5** zerkleinern. Mit dem Spatel nach unten schieben. Restliche Zutaten für die Würzpaste zugeben und **10 Sek./Stufe 2** vermengen. Paste in ein Schraubglas (500 ml) füllen.

Champignons in dünne Scheiben schneiden. Zucchini und Paprika klein würfeln. Gemüse und Quinoa auf die Würzpaste schichten. Zum Schluss Basilikum und geriebenen Parmesan darauf geben und verschließen.

Asiatische 5 MINUTEN TERRINE

1 Portion

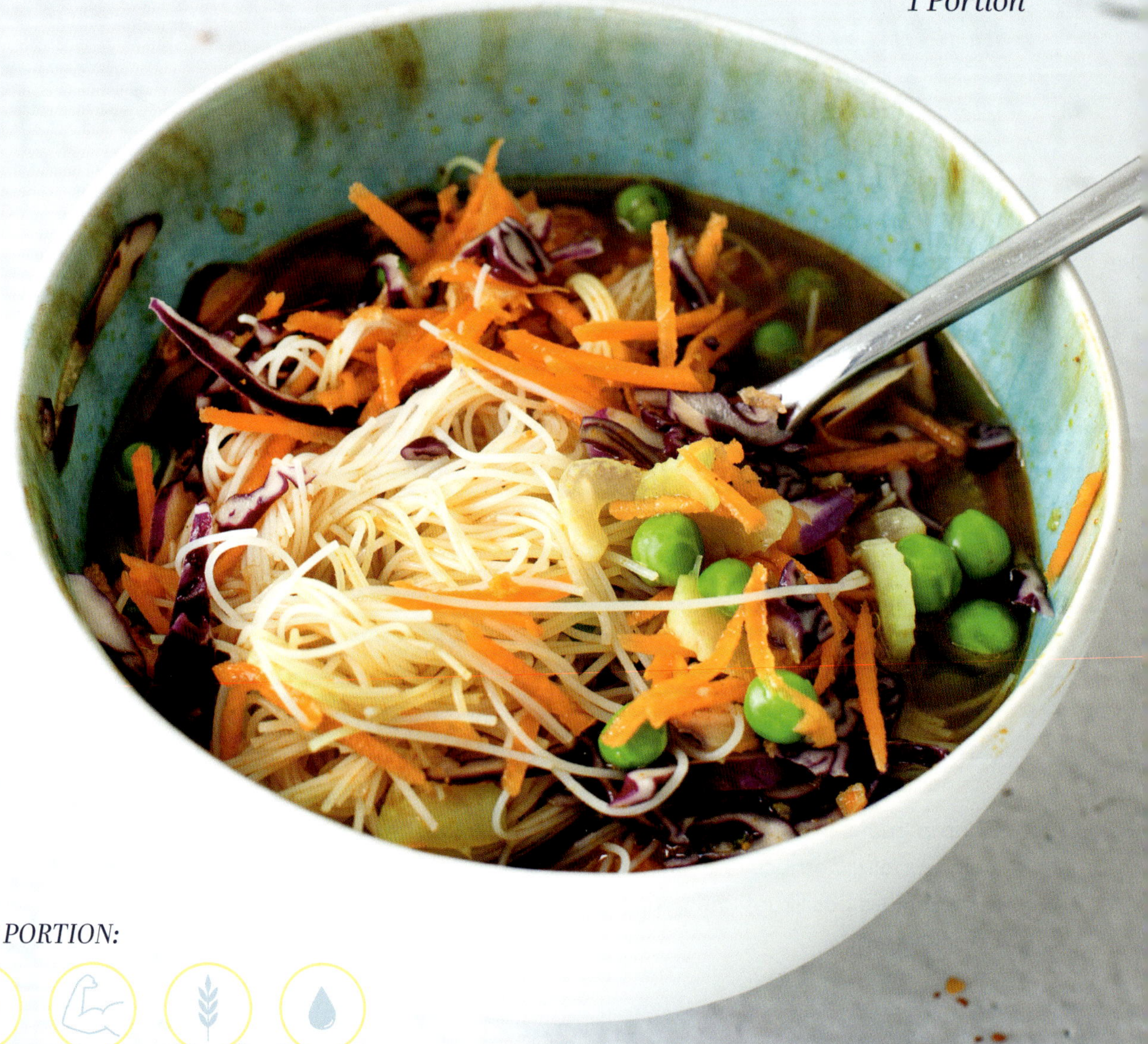

PRO PORTION:

371 kcal | 10,7 g EW | 58,4 g KH | 7,8 g Fett

ZUTATEN

1	Karotte
30 g	Rotkraut
1 Stange Sellerie	
50 g	Erbsen, TK
50 g	Reisnudeln

FÜR DIE WÜRZPASTE

5 g	Ingwer
1	Knoblauchzehe
1 EL	Sojasauce
2 TL	Gemüsebrühpulver
1 TL	Currypulver
etwas	Salz
etwas	Pfeffer, gem.
1 TL	milde Currypaste
1 TL	Sesamöl
1 TL	Reisessig

SO GEHT'S:

Zur Zubereitung einfach mit kochendem Wasser (ca. 200 g) auffüllen, 5 Min. ziehen lassen und genießen!

ZUBEREITUNG

Für die Würzpaste Ingwer und Knoblauch in den Mixtopf geben und **5 Sek./Stufe 5** zerkleinern. Mit dem Spatel nach unten schieben. Restliche Zutaten zugeben und **10 Sek./Stufe 2** vermengen. Paste in ein Schraubglas (500 ml) füllen.

Karotte raspeln und Rotkraut fein hobeln. Sellerie in Scheiben schneiden. Gemüse in das Glas schichten und zum Schluss die Reisnudeln darauf geben. Schraubglas verschließen und schon ist es bereit zum Mitnehmen.

4 Portionen

Mexican LINSEN-BURRITO

ZUTATEN

1	rote Paprika
8	Cocktailtomaten
1	Avocado
1 EL	Limettensaft
4	Tortilla-Wraps
4 EL	Naturjoghurt, 1,5%
etwas	mexikanisches Gewürz*
80 g	geriebener Käse (z.B. Cheddar)
80 g	Mais (Dose)
80 g	schwarze Bohnen (Dose)

FÜR DIE LINSENMASSE

1	Knoblauchzehe
1/2	rote Peperoni
60 g	rote Linsen
220 g	Wasser, lauwarm
1 TL	Gemüsebrühpulver
1/2 TL	Kreuzkümmel, gem.
1/2 TL	Paprikapulver, geräuchert
25 g	Tomatenmark

*Mexikanische Gewürzmischung finden Sie im Supermarkt in der Gewürzabteilung.

PRO PORTION:

476 kcal | 18,8 g EW | 51,5 g KH | 18,2 g Fett

ZUBEREITUNG

Paprika in dünne Streifen schneiden und Cocktailtomaten halbieren. Avocado in Würfel schneiden und mit Limettensaft vermengen.

Für die Linsenmasse Knoblauch und Peperoni im Mixtopf **5 Sek./Stufe 6** zerkleinern. Restliche Zutaten (außer Tomatenmark) zugeben und **14 Min./100°C/Stufe 1** kochen.

In der Zwischenzeit auf jeden Tortilla-Wrap 1 EL Joghurt geben und mit etwas mexikanischem Gewürz würzen.

Nach Garzeitende Tomatenmark zu den Linsen geben und **5 Sek./ ↺ /Stufe 2.5** unterrühren.

Linsenmasse mittig auf die mit Joghurt bestrichenen Fladen geben und mit Gemüse, Käse, Mais und Bohnen belegen. Aufrollen und in einer Pfanne ohne Öl oder im Kontaktgrill kurz anbraten.

TIPP: Sie können die Zutaten (ohne Tortillafladen) auch in ein Glas schichten. Extra dazu kommt eine Handvoll Blattsalat und ein Joghurt-dressing aus 3 EL Joghurt, 1 EL Zitronensaft, etwas Salz & Pfeffer.

Kichererbsen COUSCOUS SALAT

2 Portionen

+P

TIPP: Perfekt als Beilage zu Putenfleisch. Als zusätzliche Proteinquelle eignet sich auch Fetakäse oder Tofu.

PRO PORTION:

308 kcal	8,7 g EW	40,8 g KH	9,8 g Fett

ZUTATEN

100 g Wasser
40 g Couscous
etwas Salz
130 g Karotten
1/2 Granatapfel
100 g Kichererbsen (Dose)
1/2 rote Paprika
120 g Heidelbeeren
1 Handvoll Blattsalat nach Wahl

FÜR DAS DRESSING

1 EL Olivenöl
3 EL Apfelessig
1/2 TL Currypulver
1/2 TL Salz
1/2 TL Ingwer, gem.
etwas Pfeffer, gem.

GO

TIPP: Im Glas geschichtet perfekt zum Mitnehmen! Das Dressing dann separat abfüllen.

ZUBEREITUNG

Wasser aufkochen. Couscous in eine Schüssel geben und mit kochendem Wasser übergießen. 10 Min. ziehen lassen und etwas salzen.

Karotten in Stücken in den Mixtopf geben und **8 Sek./Stufe 4.5** zerkleinern. Kerne des Granatapfels auslösen. Kichererbsen absieben und waschen. Paprika in dünne Streifen schneiden. Alles zusammen mit Heidelbeeren und Blattsalat zum Couscous geben.

Zutaten für das Dressing verrühren und über den Salat geben. Gut vermengen und genießen.

GO

Asiatischer GLASNUDELSALAT

2 Portionen

ZUTATEN

80 g	Glasnudeln
100 g	frische Ananas
120 g	Radieschen
1/2	Salatgurke
70 g	Karotte

FÜR DAS DRESSING

1 Stück	rote Peperoni (2–3 cm)
8 g	Ingwer
1 Stange	Zitronengras*
1	Knoblauchzehe
2 EL	Reisessig
2 EL	Limettensaft
2 EL	Sojasauce
16 g	Erdnussmus
2 TL	Sesamöl
1 EL	Sesam

**Vom Zitronengras die äußeren harten Blätter entfernen.*

PRO PORTION:

kcal | 7,7 g EW | 53,4 g KH | 14 g Fett

TIPP: Dazu passt sehr gut Hähnchenfleisch mit Curry und Sojasauce mariniert. Mariniertes Fleisch in den Varoma geben. 500 g Wasser in den Mixtopf füllen, Varoma aufsetzen und **18–20 Min./Varoma/ Stufe 1** garen.

ZUBEREITUNG

Einen Topf mit reichlich Wasser zum Kochen bringen. Glasnudeln 4–5 Min. darin garen, kalt abschrecken und mit einer Schere etwas klein schneiden. In eine Schüssel geben. Ananas und Gemüse klein schneiden und zugeben.

Für das Dressing Peperoni, Ingwer, Zitronengras und Knoblauch im Mixtopf **5 Sek./Stufe 6.5** hacken. Restliche Dressingzutaten zugeben und **10 Sek./Stufe 3.5** mixen. Über den Salat geben und gut vermengen.

TIPP: Wer möchte, kann etwas gehackten Koriander zugeben.

REIS BOWL mit Tofu & Mango

2 Portionen

PRO PORTION:

433 kcal | 23,8 g EW | 53 g KH | 11,1 g Fett

ZUTATEN

100 g	Basmatireis
2	Pak Choi
200 g	wilder Brokkoli (altern. Brokkoli, in Röschen)
1	rote Paprika
1	Mango
150 g	Tofu
1 TL	Sesam

FÜR DIE SAUCE

1 Handvoll Basilikumblätter

1	rote Peperoni, entkernt
1	Knoblauchzehe
50 g	Sojasauce
1	Limette, Saft davon
2 TL	brauner Zucker
1 TL	Speisestärke (3 g)

BASILIKUM-SAUCE:

kcal	126
Protein	6 g
KH	20,2 g
Fett	2,7 g

ZUBEREITUNG

Für die Sauce Basilikum, Peperoni und Knoblauch im Mixtopf **5 Sek./Stufe 5** zerkleinern. Mit dem Spatel nach unten schieben. Restliche Zutaten zugeben und **3 Min./90°C/Stufe 2** erhitzen. Sauce umfüllen und Mixtopf spülen.

Reis in den Gareinsatz einwiegen und unter fließendem Wasser waschen. 1.000 g Wasser in den Mixtopf füllen, Gareinsatz mit Reis einsetzen. Mixtopfdeckel auflegen. Vom Pak Choi den Strunk entfernen und die Blätter zusammen mit dem Brokkoli in den Varoma geben. Paprika in Streifen schneiden und auf dem Einlegeboden verteilen. Varoma aufsetzen und alles zusammen **20 Min./Varoma/Stufe 1** garen.

In der Zwischenzeit Mango und Tofu in Würfel schneiden. Tofu zum Aufwärmen die letzten 5 Minuten der Garzeit mit in den Varoma geben. Danach alles zusammen mit der Sauce servieren. **Tipp:** Reis in eine Espressotasse geben und auf den Teller stürzen. Mit Sesam bestreut servieren.

GO

POKÉ BOWL

mit Lachs

1 Portion

ERDNUSS-DRESSING

ROTER RETTICH

KAROTTE

ROTKRAUT

LACHS

GURKE

EDAMAME

ANANAS

PRO PORTION:

437 kcal	33,6 g EW	22,8 g KH	21,4 g Fett

ZUTATEN

100 g	frisches Lachsfilet, Sushi-Qualität (altern. geräuchertes Lachsfilet, am Stück)
60 g	frische Ananas
40 g	roter Rettich (altern. Radieschen)
40 g	kl. Karotte
30 g	Rotkraut
1/4	Salatgurke
40 g	Edamame*
etwas	Sesam

FÜR DAS DRESSING

2 EL	Sojasauce
1 TL	Erdnussmus
1 TL	Mirin (süßer Reiswein)
1/2	Limette, Saft davon

***INFO:** Edamame sind unreif geerntete Sojabohnen. Sie finden die kleinen grünen Bohnen in gut sortierten Supermärkten in der To-Go-Abteilung oder auch tiefgekühlt. Leicht gesalzen auch ein toller Snack, denn sie sind sehr kalorienarm und proteinreich.

ERDNUSS-DRESSING:

kcal	94
Protein	5 g
KH	7,3 g
Fett	5,1 g

ZUBEREITUNG

Lachsfilet und Ananas klein würfeln. Rettich in dünne Scheiben hobeln. Karotte raspeln und Rotkraut in feine Streifen schneiden. Gurke in Scheiben schneiden.

Alle Zutaten auf einen tiefen Teller anrichten (siehe Bild) und mit Sesam bestreuen. Für das Dressing alle Zutaten in einer kleinen Schüssel gut verrühren und vor dem Servieren über die Bowl geben.

TIPP: Wer möchte, kann noch etwas frischen Koriander darüber streuen.

Red Pepper COUSCOUS BOWL

1 Portion

ZUTATEN

120 g Wasser
50 g Couscous
1 TL Gemüsebrühpulver
1 Stück rote Peperoni (2 cm)
35 g rote Paprika
20 g rote Zwiebel
1 Handvoll Petersilie
30 g Wasser
etwas Salz & Pfeffer
10 g Tomatenmark

60 g Apfel, in Stücken (z.B. Granny Smith)
1 kl. Handvoll Salatblätter nach Wahl
25 g Rotkraut, fein gehobelt
1 EL Cranberries, getr. (15 g)

FÜR DAS DRESSING

100 g Naturjoghurt, 1,5%
2 EL Limettensaft
etwas gehackte Petersilie oder Basilikum

PRO PORTION:

kcal 13,8 g EW 67,7 g KH 3,6 g Fett

Im Glas geschichtet perfekt zum Mitnehmen!

ZUBEREITUNG

Wasser aufkochen. Couscous und Gemüsebrühpulver in eine kleine Schüssel geben und mit kochendem Wasser übergießen. Der Couscous sollte leicht bedeckt sein. 10 Min. ziehen lassen.

Peperoni, Paprika, Zwiebel und Petersilie **7 Sek./Stufe 4.5** zerkleinern. Wasser und etwas Salz & Pfeffer zugeben und **2 Min./Varoma/Stufe 1** dünsten. Tomatenmark und Couscous zugeben und **5 Sek./↺/Stufe 2.5** vermengen.

Für das Dressing alle Zutaten in einer kleinen Schale verrühren. Alles zusammen anrichten (siehe Bild) und servieren.

GO

Mediterrane GEMÜSEBOWL

1 Portion

PRO PORTION:

374 kcal | 31,6 g EW | 31,9 g KH | 11,2 g Fett

*Rohgewicht: 20 g. Wenn Sie gleich 40 g kochen, können Sie auch noch die Tomatensuppe auf Seite 40 zubereiten.

MEDITERRANES GEMÜSE

1/4 rote Peperoni, entkernt
1 kl. Knoblauchzehe
160-170 g Zucchini
40 g grüne Paprika
40 g rote Zwiebel
100 g passierte Tomaten
25 g Wasser
1/2 TL ital. Kräuter, getr.
1/4 TL Salz
2 Msp. Pfeffer, gem.
1/2 TL Gemüsebrühpulver
15 g Tomatenmark

AUSSERDEM

40 g Fetakäse light, 9% (z.B. Salakis)
1 kl. Handvoll Babyspinatblätter
1 TL Balsamicoessig, dunkel
3 EL gekochte Quinoa*
100 g körniger Frischkäse, 0,8% (Hüttenkäse)
1 kl. Frühlingszwiebel

QUINOA

ist im Vergleich zu weißem Reis reich an Ballaststoffen und Protein. Außerdem enthält Quinoa mehr Nährstoffe als Reis. Es gibt weiße, rote und schwarze Quinoa.

Die Zubereitung

Quinoa sollte vor dem Kochen immer mit heißem Wasser gewaschen werden. Kochen Sie Quinoa am besten in einem kleinen Kochtopf mit reichlich Wasser und etwas Gemüsebrühpulver.

ZUBEREITUNG

Peperoni und Knoblauch im Mixtopf **5 Sek./Stufe 5** zerkleinern. Zucchini, Paprika und Zwiebel in grobe Würfel schneiden. Zusammen mit restlichen Zutaten (außer Tomatenmark) zugeben und **15 Min./100°C/ ↺ /Sanftrührstufe** garen. Tomatenmark zugeben und **5 Sek./ ↺ /Stufe 2.5** unterrühren.

Gemüse aus dem Mixtopf zusammen mit restlichen Zutaten (s. Bild) anrichten und servieren.

GO
2 Portionen
BUDDHA BOWL
mit Erdnussdressing
TOMATE
BROKKOLI
CURRYREIS
EI
KAROTTE
BLATTSALAT
AVOCADO
OFENKÜRBIS
PRO PORTION:
549
kcal
15,5 g EW
38,5 g KH
31,1 g Fett

OFENKÜRBIS

150 g Hokkaidokürbis
1 TL Olivenöl
1/2 TL Chiliflocken
1/2 TL Knoblauch, granuliert
etwas Salz & Pfeffer

ERDNUSSDRESSING

1 EL Erdnussmus
2 EL Sojasauce
1 EL Wasser
2 EL Zitronensaft
1 EL Olivenöl

AUSSERDEM

1 Karotte
1 Tomate
1 gr. Handvoll Blattsalat
2 EL Apfelessig
1 Avocado
1 EL Zitronensaft
125 g Curryreis India (Xpressreis)
100 g Brokkoli, gegart
1 Ei, hart gekocht
1 EL Kürbiskerne

ZUBEREITUNG

Zuerst den Ofenkürbis zubereiten:
Kürbis in Würfel schneiden und mit Olivenöl und Gewürzen vermischen.
Auf ein mit Backpapier belegtes Backblech geben und vermengen.
Im vorgeheizten Backofen bei 180°C Umluft ca. 20 Min. garen.

Während der Kürbis im Ofen gart, Karotte mit einer Reibe raspeln oder im Thermomix **9 Sek./Stufe 4** zerkleinern. Tomate in Würfel schneiden. Salat putzen und mit Apfelessig marinieren. Avocado in Würfel schneiden und mit 1 EL Zitronensaft vermengen. Alles zusammen mit gegarten Brokkoliröschen auf 2 Tellern anrichten.

Nun die Zutaten für das Erdnussdressing in einer Tasse verrühren. Xpressreis nach Packungsanweisung zubereiten und zusammen mit dem Kürbis aus dem Ofen auf die 2 Teller verteilen. Ei halbieren und auf die Bowls legen. Kürbiskerne darüber streuen und mit Erdnussdressing servieren.

GO
FALAFEL
BOWL
2 Portionen
COCKTAILTOMATEN
ROTKRAUT
ROTE BEETE
FALAFEL
KÖRNIGER
FRISCHKÄSE
PAPRIKA
KAROTTE
SALATHERZ
mit Curry-Dressing

PRO PORTION:

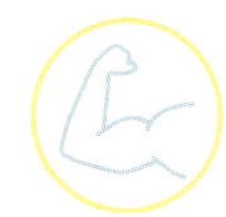

kcal 23,2 g EW 36,7 g KH 21,8 g Fett

ZUTATEN

1	gr. Salatherz
10	Cocktailtomaten
200 g	rote Beete, gegart
1/2	rote Paprika
30-40 g	Rotkohl
1	kl. Karotte
50 g	körniger Frischkäse, 0,8% (Hüttenkäse)
250 g	Falafel (Kühltheke)

FÜR DAS DRESSING

100 g	Naturjoghurt, 1,5%
1 TL	Currypulver
1 EL	Zitronensaft
etwas	Salz & Pfeffer
3 EL	Weißweinessig
50 g	Milch, 1,5%

TIPP: Dieses Joghurtdressing können Sie für sämtliche Bowls verwenden. Currypulver kann auch durch andere Gewürze ersetzt werden, z.B. frische Kräuter wie Bärlauch, Petersilie oder Basilikum.

ZUBEREITUNG

Zutaten für das Dressing in einer kleinen Schüssel verrühren und beiseitestellen.

Salatherz in Streifen schneiden, waschen und trocken schleudern. Cocktailtomaten halbieren. Rote Beete und Paprika in Würfel schneiden. Rotkraut und Karotten fein hobeln. Alles zusammen mit dem körnigen Frischkäse auf zwei Bowls verteilen (siehe Bild).

Falafel im Ofen erwärmen und auf den Tellern platzieren. Dressing darüber geben und servieren.

GO

Spinat-Quinoa SALAT

4 Portionen

PRO PORTION:

462 kcal

5,2 g EW

35,2 g KH

28,7 g Fett

ZUTATEN

600 g	Wasser
1 TL	Gemüsebrühpulver
75 g	bunte Quinoa
200 g	Süßkartoffel
60 g	Babyspinatblätter
50 g	getr. Cranberries
2	kl. Avocados
1/2	Limette, Saft davon

FÜR DAS DRESSING

2 EL	Weißweinessig
1 TL	Ahornsirup
4 EL	Olivenöl (50 g)
1 TL	Senf, mittelscharf
etwas	Salz & Pfeffer
1/2	Limette, Saft davon

+P

TIPP: Der Salat passt gut zu Hähnchen und Fisch. Sie können auch Skyrella oder Hüttenkäse dazu servieren.

ZUBEREITUNG

600 g Wasser mit 1 TL Gemüsebrühpulver in den Mixtopf füllen und **8 Min./100°C/Stufe 1** aufkochen. Quinoa waschen und zugeben. Süßkartoffel schälen, in Würfel schneiden und in den Gareinsatz geben. Gareinsatz einsetzen, Mixtopf verschließen und das Ganze **10 Min./Varoma/Stufe 1** garen. Danach gegarte Süßkartoffel herausnehmen und Quinoa absieben. Abkühlen lassen.

Spinatblätter und Cranberries in eine Schüssel geben. Avocados würfeln und mit Limettensaft vermengen. Zusammen mit abgekühlter Quinoa und Süßkartoffelwürfeln zum Spinat geben. Alle Dressingzutaten in einer Tasse verrühren, über den Salat geben und vermengen.

GO

Frühlings-NUDELSALAT mit Joghurtdressing

2 Portionen

PRO PORTION:

431 kcal | 14,1 g EW | 55,4 g KH | 14,8 g Fett

ZUTATEN

100 g Nudeln, nach Wahl
100 g Erbsen, TK
5 Radieschen
1/2 Salatgurke
1 Frühlingszwiebel
50 g Mais
1 Handvoll Babyspinatblätter oder Feldsalat

TO GO *Nudelsalat mit Dressing vermengt mitnehmen.*

FÜR DAS DRESSING

150 g Naturjoghurt, 1,5%
1 TL Senf, mittelscharf
2 EL Apfelessig
1 EL Öl
1 EL Salatmayonnaise, fettreduziert
1 TL Zitronensaft
1 TL Paprikapulver, edelsüß
1 TL Salz
etwas Pfeffer, gem.

TIPP: Der Salat kann am Vortag zubereitet und am nächsten Tag einfach mitgenommen werden.

Für eine Extramenge an Proteinen können Sie noch ein gekochtes Ei dazugeben.

ZUBEREITUNG

Nudeln nach Packungsanweisung in reichlich Salzwasser garen. Erbsen die letzten 2-3 Min. mit in den Kochtopf geben. Danach beides kalt abschrecken.

Radieschen und Gurke klein schneiden. Frühlingszwiebel in Ringe schneiden. Mais absieben. Alles mit den Nudeln, Erbsen und Spinatblättern in eine Schüssel geben.

Zutaten für das Dressing in einer kleinen Schüssel verrühren und über den Salat geben. Fertig!

GO

Apfel-Rote Beete-CARPACCIO

*2 Portionen**

PRO PORTION:

kcal | 23 g EW | 19,9 g KH | 19,7 g Fett

ZUTATEN

1 grüner Apfel
1 rote Beete, gegart
1 Salatherz
125 g Mozzarellabällchen, light
25 g Pekannusskerne

FÜR DAS DRESSING

150 g Skyr, natur
1 EL Saft der roten Beete
1/2 Limette, Saft davon
10 g Olivenöl
etwas Salz & Pfeffer

*Ergibt 2 Portionen als Abendessen oder 4 Portionen als Beilage z.B. zum Grillen.

ZUBEREITUNG

Apfel entkernen und in dünne Spalten schneiden. Rote Beete ebenfalls in dünne Scheiben schneiden. Beides fächerartig auf einem Teller anrichten.

Für das Dressing Skyr, Rote-Beete-Saft, Limettensaft, Olivenöl und etwas Salz & Pfeffer **10 Sek./Stufe 3.5** mixen. Die Hälfte des Dressings nun auf den Teller geben. Salatblätter und halbierte Mozzarellabällchen darauf geben. Nochmal mit Salz und Pfeffer würzen. Restliches Dressing darüber geben und mit gehackten Pekannusskernen bestreuen.

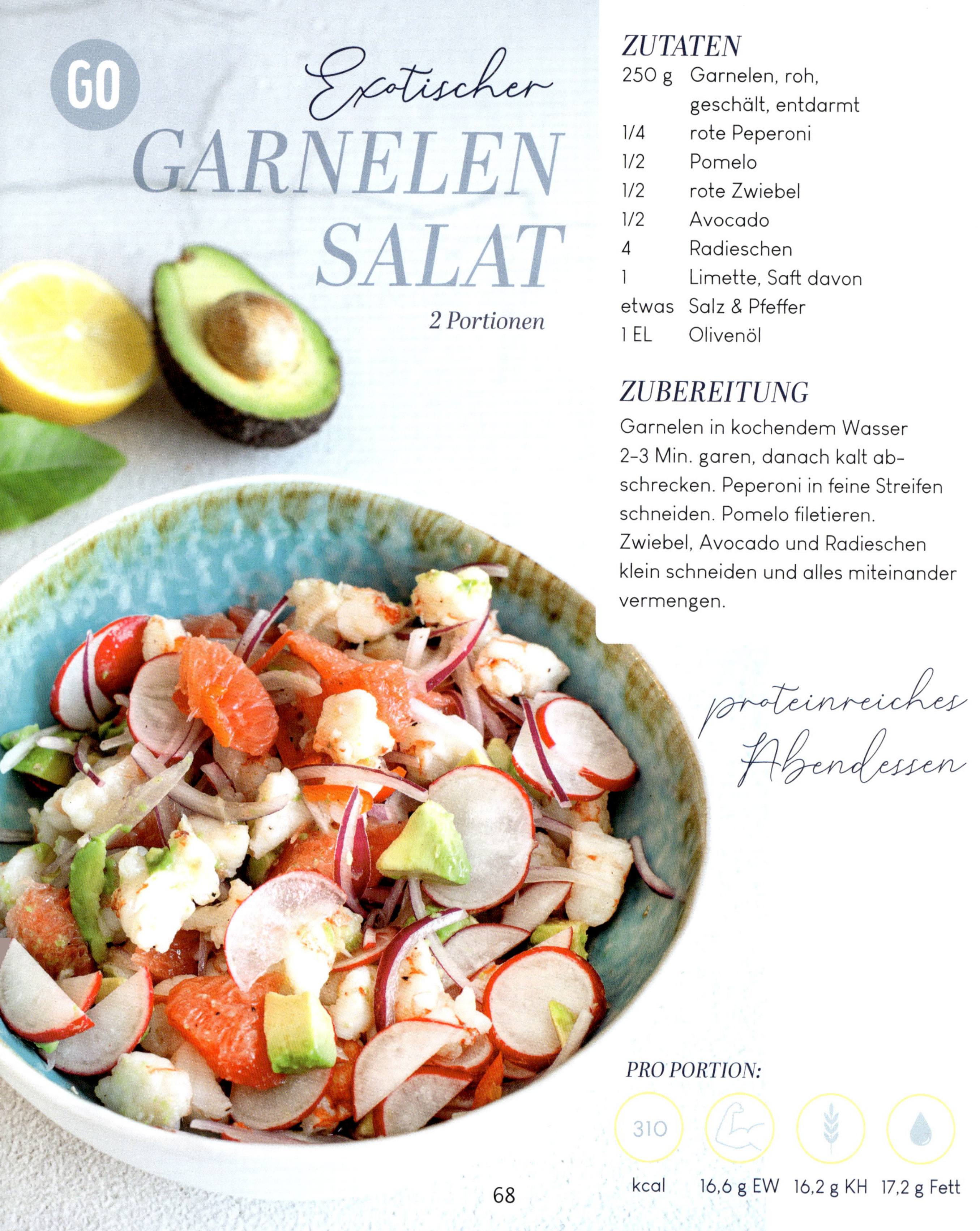

GO

Exotischer GARNELEN SALAT

2 Portionen

ZUTATEN

250 g	Garnelen, roh, geschält, entdarmt
1/4	rote Peperoni
1/2	Pomelo
1/2	rote Zwiebel
1/2	Avocado
4	Radieschen
1	Limette, Saft davon
etwas	Salz & Pfeffer
1 EL	Olivenöl

ZUBEREITUNG

Garnelen in kochendem Wasser 2–3 Min. garen, danach kalt abschrecken. Peperoni in feine Streifen schneiden. Pomelo filetieren. Zwiebel, Avocado und Radieschen klein schneiden und alles miteinander vermengen.

proteinreiches Abendessen

PRO PORTION:

310 kcal	16,6 g EW	16,2 g KH	17,2 g Fett

Bunter KICHERERBSEN SALAT

2 Portionen

ZUTATEN

150 g	Kichererbsen
50 g	Mais
75 g	Kidneybohnen
1/2	Salatgurke
100 g	Cocktailtomaten
1	kl. Avocado
1/2	rote Zwiebel
1 EL	Olivenöl
1 EL	Zitronensaft
1 EL	Balsamicoessig, dunkel
20 g	Rotweinessig
1 TL	Kräuter der Provence, getr.
etwas	Salz & Pfeffer

ZUBEREITUNG

Kichererbsen, Mais und Kidneybohnen absieben. Gurke in Stücke schneiden und Cocktailtomaten halbieren. Avocado klein würfeln.

Zwiebel im Mixtopf **5 Sek./Stufe 5** zerkleinern. Restliche Zutaten zugeben und **10 Sek./Stufe 3** mischen. Über den Salat geben und gut vermengen.

PRO PORTION:

kcal | 12,2 g EW | 26,9 g KH | 26,2 g Fett

Rezeptideen

WARME GERICHTE

In diesem Kapitel finden Sie neben tollen Beilagen-Ideen und Saucen auch leckere Suppen, Eintöpfe sowie Gerichte mit Fisch und Fleisch.

Viele Rezepte lassen sich auch gut vorkochen und können am nächsten Tag noch einmal aufgewärmt werden. Dies spart Zeit, gerade wenn es mal wieder schnell gehen muss.

Machen Sie sich also am besten einen Essensplan und planen Sie die Gerichte 2-3 Tage im Voraus. Dann können Sie alles gut vorbereiten und entspannt schlemmen.

Mit den Beilagen und Saucen können Sie leckere vollständige Hauptgerichte zaubern. Kombinieren Sie z.B. gebratenes Fleisch, Fisch oder Tofu mit Gemüse, dazu servieren Sie noch eine leckere Sauce. Entsprechende Tipps finden Sie auch bei den jeweiligen Gerichten.

BEILAGEN TIPP

Gebratener Salat

Um Öl für ein Dressing zu sparen, können Sie Salat auch in einer Pfanne kurz anrösten oder auf den Grill geben. Danach würzen Sie den gebratenen Salat mit Salz und Pfeffer und träufeln etwas Limetten- oder Zitronensaft darüber.

+P

Gemüse REIS

2 Portionen

TIPP: Lecker zu Fisch, Garnelen oder Putenfleisch.

ZUTATEN

80 g	Basmatireis
50 g	Brokkoli
1	Frühlingszwiebel
50 g	Karotte
1 TL	Gemüsebrühpulver
2 EL	heißes Wasser

ZUBEREITUNG

1.200 g Wasser in den Mixtopf füllen. Gareinsatz einsetzen und Reis einwiegen. Wieder herausnehmen und unter fließendem Wasser waschen. Wieder einsetzen und Mixtopfdeckel auflegen.

Brokkoli in kleine Röschen teilen und Karotte in kleine Würfel schneiden. Beides in den Varoma geben. Varoma aufsetzen und alles **20 Min./Varoma/Stufe 1** garen. In der Zwischenzeit Frühlingszwiebel in Ringe schneiden und in eine große Schüssel geben.

Nach Garzeitende Reis und Gemüse zur Frühlingszwiebel geben. Gemüsebrühpulver in heißem Wasser auflösen und darüber geben. Alles gut vermengen und servieren.

PRO PORTION:

183 kcal | 5,4 g EW | 35 g KH | 1,4 g Fett

+P

Tomaten REIS

2 Portionen

TIPP: Lecker zu Hähnchen, Putenfleisch oder Garnelen.

ZUTATEN

1/2	rote Zwiebel
1	Knoblauchzehe
1/4	rote Peperoni, entkernt
150 g	passierte Tomaten
300 g	Wasser, lauwarm
100 g	Langkornreis
1 TL	Gemüsebrühpulver
1/2 TL	Salz
1/2 TL	Paprikapulver, geräuchert
etwas	Pfeffer, gem.
50 g	Erbsen, TK

ZUBEREITUNG

Zwiebel, Knoblauch und Peperoni im Mixtopf **5 Sek./Stufe 5** zerkleinern. Restliche Zutaten (außer Erbsen) zugeben und **15 Min./100°C/ Sanftrührstufe** garen.

Erbsen zugeben, mit dem Spatel unterrühren und **3 Min./90°C/ Sanftrührstufe** ziehen lassen.

PRO PORTION:

236 kcal | 7,3 g EW | 45,8 g KH | 1,8 g Fett

SAUCE
ohne Reue

Wer die Sauce auf Vorrat zubereiten möchte, kann diese sofort (noch heiß) in Schraubgläser füllen und so mehrere Wochen aufbewahren.

ZUTATEN

1	rote Peperoni, entkernt
2	Knoblauchzehen
150 g	rote Paprika
150 g	grüne Paprika
1	rote Zwiebel
400 g	stückige Tomaten (Dose)
1 EL	Rotweinessig
1 EL	Zucker
1 TL	Worcester Sauce
1 TL	Salz
etwas	Pfeffer, frisch gem.
1 TL	Paprikapulver, geräuchert
2 TL	Currypulver
50 g	Tomatenmark

ZUBEREITUNG

Peperoni, Knoblauch, Paprika und Zwiebel in Stücken in den Mixtopf geben und **5 Sek./Stufe 5** zerkleinern.

Restlichen Zutaten (außer Tomatenmark) zugeben und **20 Min./100°C/Stufe 1** kochen. Tomatenmark zugeben und **10 Sek./ ↺ /Stufe 3** unterrühren.

TIPP: Warm oder kalt zu Putengeschnetzeltem oder Grillfleisch genießen. Als Sauce für Wraps, zu Kartoffeln oder Reis auch sehr lecker!

PRO 100 G:

52 kcal | 1,9 g EW | 8,8 g KH | 0,6 g Fett

Zucchini-FETA-QUARK

ZUTATEN

100 g	Zucchini, in Stücken
1 TL	Salz
1	Knoblauchzehe
100 g	Frischkäse light, 0,2% (z.B. Philadelphia)
100 g	Quarkcreme, 0,2% Fett (z.B. Exquisa)
50 g	Fetakäse light, 9% (z.B. Salakis)
etwas	Pfeffer, gem.

ZUBEREITUNG

Zucchini, Salz und Knoblauch im Mixtopf **5 Sek./Stufe 5** zerkleinern. Masse in ein Haarsieb geben und 10 Min. abtropfen lassen.

Zusammen mit restlichen Zutaten im Mixtopf **10 Sek./Stufe 4** mixen. Fertig!

TIPP: Passt perfekt zu Salzkartoffeln, Ofenkartoffeln, paniertem Fisch oder Schnitzel. Auch als Brotaufstrich geeignet.

PRO 100 G:

65 kcal | 9,2 g EW | 3,9 g KH | 1,8 g Fett

Protein CHICKEN NUGGETS

10 Stück

ZUTATEN

200 g	Hähnchenbrustfilet
1	Eiweiß
1 TL	Hähnchengewürz*
30 g	Magerquark
etwas	Pfeffer, gem.
40 g	Paniermehl
1 EL	Öl

ZUBEREITUNG

Hähnchenbrust in den Mixtopf geben und **5 Sek./Stufe 7** zerkleinern. Eiweiß, Quark, Hähnchengewürz und Pfeffer zugeben und **20 Sek./Stufe 4** mixen. Masse umfüllen. In 10 Portionen teilen und diese in Paniermehl drücken. In einer Pfanne mit 1 EL Öl anbraten.

**Finden Sie im Supermarkt bei den Gewürzen. Alternativ können Sie Salz, Pfeffer, Paprikapulver, Zwiebelpulver o. ä. verwenden.*

PRO STÜCK:

51 kcal

5,9 g EW

3,1 g KH

1,6 g Fett

OFEN-MÖHRCHEN

2 Portionen

+P

ZUTATEN

4	Karotten (400 g)
1 TL	Öl
etwas	Salz & Pfeffer
1 TL	Sesam
etwas	Koriander
etwas	Limettensaft

FÜR DEN DIP

15 g	Salatmayonnaise, light
25 g	Naturjoghurt, 1,5%
1 TL	Srirachasauce
1 TL	Sojasauce
1 TL	Limettensaft
etwas	Pfeffer, gem.
etwas	Salz

ZUBEREITUNG

Backofen auf 180°C Umluft vorheizen. Karotten schälen und schräg in dicke Scheiben schneiden. Mit Öl vermengen und auf ein mit Backpapier belegtes Backblech geben. Mit Salz & Pfeffer würzen und ca. 15 Min. in den Backofen geben. Danach auf einen Teller geben und mit Sesam und gehacktem Koriander bestreuen. Etwas Limettensaft darüber geben.

Zutaten für den Dip in einer kleinen Schüssel verrühren und zu den Karotten servieren.

mit asiatischem Dip & Koriander

PRO PORTION:

156 kcal | 2,9 g EW |  11,4 g KH |  7,6 g Fett

Orangen-KÜRBISSUPPE

2 Portionen

PRO PORTION:

218 kcal | 11,4 g EW | 29,2 g KH | 5,6 g Fett

FÜR DIE SUPPE

1/4	rote Peperoni, entkernt
1	Knoblauchzehe
70 g	rote Paprika
80 g	rote Zwiebel
300 g	Kürbis nach Wahl
60 g	Orange, geschält, in Stücken
260 g	Wasser, lauwarm
2 TL	Gemüsebrühpulver
1 TL	Currypulver
1 TL	Paprikapulver, edelsüß
etwas	Salz & Pfeffer
50 g	Frischkäse, light (z.B. Skyr Frischkäse von Milbona)
25 g	Tomatenmark

FÜR DAS TOPPING

60 g	Fetakäse light, 9% (z.B. Salakis)
etwas	mediterrane Kräuter, getr.

PRO PORTION MIT GARNELEN

kcal	268
Protein	22,5 g
KH	29,3 g
Fett	6,2 g

+P

TIPP: Für mehr Proteine geben Sie noch ein paar gebratene Garnelen oder Hähnchenfleisch dazu (100 g / pro Portion).

ZUBEREITUNG

Peperoni und Knoblauch im Mixtopf **5 Sek./Stufe 5** zerkleinern. Paprika, Zwiebel, Kürbis und Orange in grobe Würfel schneiden. In den Mixtopf zugeben und **5 Sek./Stufe 7** zerkleinern. Restliche Zutaten für die Suppe (außer Frischkäse & Tomatenmark) zugeben und **15 Min./100°C/Stufe 1** garen.

Frischkäse und Tomatenmark zugeben und **30 Sek./Stufe 10** pürieren. Suppe in zwei tiefe Teller oder Schalen geben und mit zerbröseltem Feta und etwas mediterranen Kräutern servieren.

Ruck Zuck ZUCCHINI-SUPPE

4 Portionen

MIT FETA-TOPPING

PRO PORTION:

108 kcal | 8,1 g EW | 12,7 g KH | 2,6 g Fett

FÜR DIE SUPPE

1 Knoblauchzehe
1 rote Zwiebel, halbiert
300 g Zucchini
200 g Kartoffeln, mehlig kochend
700 g Wasser
1 Spritzer Limettensaft
1 EL Gemüsebrühpulver
1/2 TL Paprikapulver, edelsüß
1/2 TL Currypulver
etwas Salz & Pfeffer
60 g Frischkäse light, 0,2% (z.B. Philadelphia)

FÜR DAS TOPPING

80 g Fetakäse light, 9% (z.B. Salakis)
etwas mediterrane Kräuter, getr.
etwas Chiliflocken

ZUBEREITUNG

Knoblauch und Zwiebel im Mixtopf **5 Sek./Stufe 5** zerkleinern. Zucchini und Kartoffeln in Stücken zugeben und **5 Sek./Stufe 6** zerkleinern. Restliche Zutaten für die Suppe (außer Frischkäse) zugeben und **20 Min./100°C/Stufe 1** garen.

Frischkäse zugeben und **30 Sek./Stufe 10** pürieren. Suppe mit zerbröseltem Feta, mediterranen Kräutern und Chiliflocken servieren.

Mediterrane FISCHSUPPE

4 Portionen

PRO PORTION:

215 kcal | 28,9 g EW | 8,4 g KH | 6,8 g Fett

FÜR DIE SUPPE

2 Knoblauchzehen
1 rote Zwiebel, halbiert
60 g Stangensellerie
150 g Karotten
125 g rote Paprika
600 g Wasser, lauwarm
400 g Fischfond
1 EL Gemüsebrühpulver
etwas Salz & Pfeffer
1 EL Tomatenmark
etwas gehackte Petersilie
1 EL Zitronensaft
1 TL mediterrane Kräuter

FÜR DIE FISCHEINLAGE

200 g Lachsfilet
300 g Kabeljau
125 g Garnelen, roh, geschält, entdarmt

FISCH IST GESUND!

Fische enthalten viele Proteine, Vitamine und andere gesunde Nährstoffe.

Proteinreiche Fische:
Thunfisch (21,5 g), Lachs (19,9 g) und Forelle (19,5 g)

Vitaminreiche Fische:
Makrele (10,45 mg), Thunfisch (10,41 mg) und Lachs (9,68 mg)

Kalorienarme Fische:
Barsch (81 kcal), Zander (83 kcal) und Forelle (102 kcal)

(Angaben pro 100 g)

ZUBEREITUNG

Knoblauch und Zwiebel im Mixtopf **5 Sek./Stufe 5** zerkleinern. Stangensellerie in dünne Scheiben schneiden. Karotten und Paprika fein würfeln und alle Zutaten (außer die Fischeinlage) mit in den Mixtopf geben. Das Ganze **18 Min./100°C/Stufe 0.5** garen.

Fisch in mundgerechte Würfel schneiden und mit den Garnelen zugeben. Das Ganze nun **4 Min./80°C/Sanftrührstufe** ziehen lassen und servieren. Ggf. nochmal mit Salz und Pfeffer abschmecken.

2 Portionen

LINSENSUPPE
mit Spinat & Tofu

PRO PORTION:

387 kcal | 24,9 g EW | 30,6 g KH | 14,4 g Fett

ZUTATEN

1	Knoblauchzehe
1	rote Zwiebel, halbiert
200 g	Karotten
1 EL	Öl
500 g	Wasser
1 EL	Gemüsebrühpulver
1/2 TL	Currypulver
1/2 TL	Paprikapulver, edelsüß
75 g	rote Linsen
1 gr. Handvoll	Babyspinatblätter
150 g	Tofu
1/2	Limette, Saft davon
etwas	Salz & Pfeffer zum Abschmecken

ROTE LINSEN

Die kleinen Hülsenfrüchte sind sehr gesund, denn sie enthalten viel Eiweiß. Mit 26 g Eiweiß pro 100 Gramm stehen sie vielen tierischen Produkten in nichts nach. Eine tolle und gesunde Proteinquelle auch für Vegetarier:innen.

ZUBEREITUNG

Knoblauch, Zwiebel und Karotten in Stücken in den Mixtopf geben und **5 Sek./Stufe 5** zerkleinern. Mit dem Spatel nach unten schieben. Öl zugeben und **2 Min./Varoma/Stufe 1** dünsten. Wasser, Brühpulver, Gewürze und Linsen zugeben und **14 Min./100°C/Sanftrührstufe** garen. Spinatblätter (ggf. etwas klein schneiden) zugeben und mit dem Spatel in die Suppe einrühren. 2 Min. ziehen lassen.

Tofu in Würfel schneiden und vor dem Servieren zur Suppe geben. Mit Limettensaft, Salz und Pfeffer abschmecken.

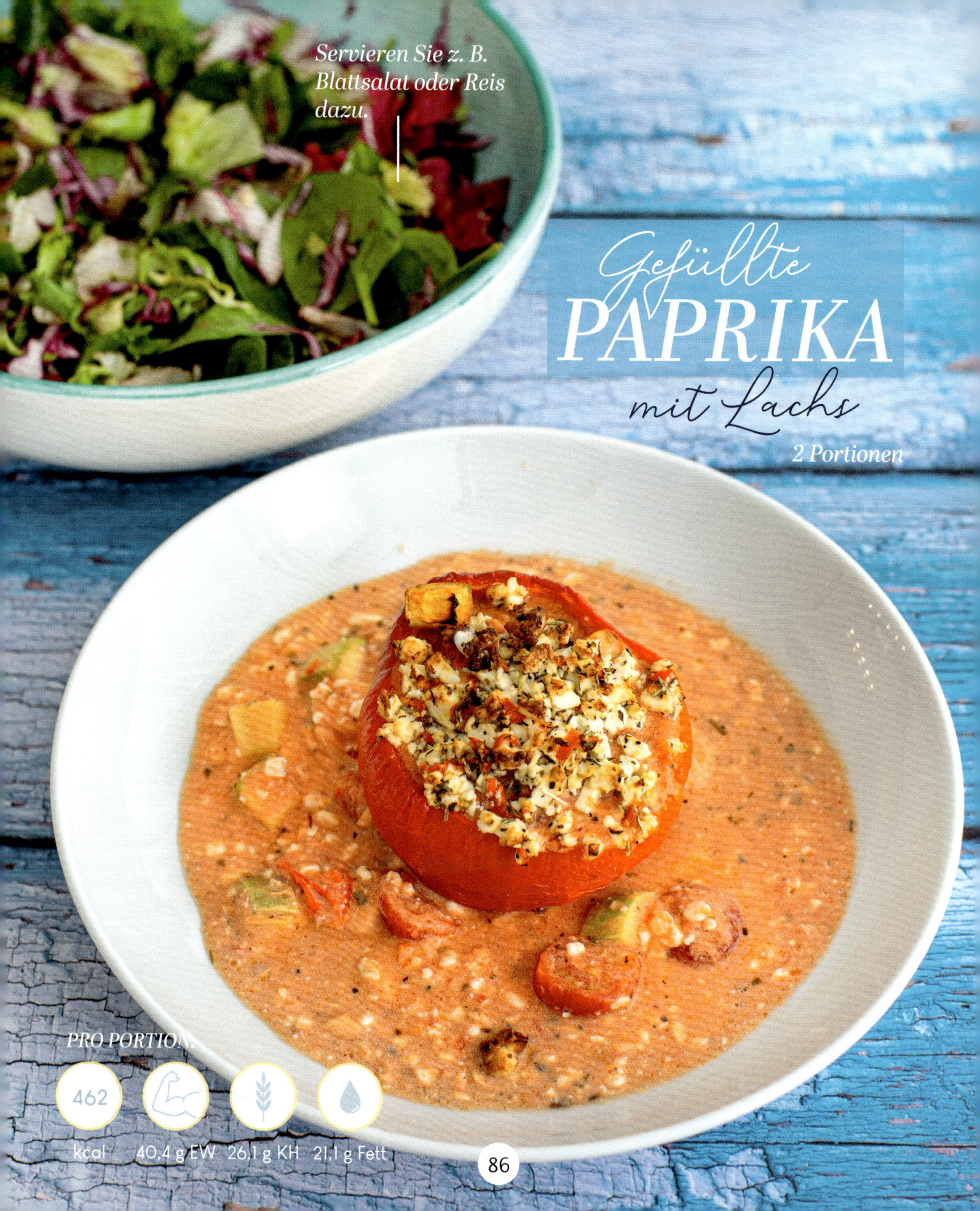

Servieren Sie z. B. Blattsalat oder Reis dazu.

Gefüllte PAPRIKA mit Lachs

2 Portionen

PRO PORTION:

462 kcal | 40,4 g EW | 26,1 g KH | 21,1 g Fett

ZUTATEN

2	Paprikaschoten, gelb o. rot
1/2	rote Peperoni, entkernt
60 g	Fetakäse light, 9% (z.B. Salakis)
1 TL	Kräuter der Provence, getr.
100 g	körniger Frischkäse, 0,8%

FÜR DIE FÜLLUNG

2	Knoblauchzehen
50 g	Kochsahne, 15%
125 g	Milch, 1,5%
200 g	passierte Tomaten
15 g	Tomatenmark
2 TL	Gemüsebrühpulver
1 TL	Oregano, getr.
50 g	Zucchini, in Würfel
200 g	frisches Lachsfilet, in Würfel geschnitten
100 g	Cocktailtomaten, halbiert
etwas	Salz & Pfeffer

ZUBEREITUNG

Paprikaschoten waschen und oben einen "Deckel" abschneiden. Kerne entfernen und die Paprikaschoten in eine Auflaufform setzen. Im vorgeheizten Backofen bei 150°C Ober-/Unterhitze 25 Min. vorgaren. Peperoni fein hacken und mit zerbröseltem Feta und Kräutern der Provence vermengen. Beiseitestellen.

In der Zwischenzeit im Thermomix die Füllung zubereiten:
Knoblauch im Mixtopf **5 Sek./Stufe 6** zerkleinern. Sahne, Milch, passierte Tomaten, Tomatenmark, Brühpulver, Oregano und Zucchiniwürfel zugeben und **7 Min./100°C/ ⟲ /Stufe 0.5** kochen. Lachswürfel, Cocktailtomaten und etwas Salz und Pfeffer zugeben und weitere **6 Min./100°C/ ⟲ /Stufe 0.5** kochen.

Nach der Garzeit Paprika samt Auflaufform aus dem Ofen nehmen und Backofen auf 200°C hochstellen. Nun in jede Paprikaschote 1 EL körnigen Frischkäse geben und mit der Lachsmischung auffüllen. (Achtung: Rest bleibt einfach im Mixtopf und wird als Sauce dazu serviert.)

Mit Fetabrösel bestreuen und weitere 15 Min. bei 200°C backen. Restlichen Frischkäse mit in den Mixtopf geben und Sauce **15 Min./70°C/Stufe 0.5** warm halten. Alles zusammen servieren.

6 Portionen

GEMÜSE-KUCHEN *Pizza Style*

Als Belag können Sie verschiedene Gemüsesorten wählen. Auch magerer Schinken ist gut geeignet.

PRO PORTION:

kcal

16,5 g EW

21,5 g KH

6,4 g Fett

ZUTATEN

200 g	Magerquark
2	Eier (Gr. M)
200 g	Wasser, lauwarm
125 g	Dinkelvollkornmehl
2 TL	Backpulver
1 TL	Salz
1 TL	Flohsamenschalen, gem.
1 EL	Leinsamen
1 EL	feine Haferflocken

FÜR DEN BELAG

400 g	Pizzasauce (Dose)
3	Champignons, in Scheiben
1/4	rote Paprika, in Streifen
40 g	Zucchini, in Scheiben
1 Glas	Artischocken in Marinade (Abtr.gew. 175 g)
1 Kugel	Mozzarella light oder Skyrella
30 g	geriebener Käse

TIPP: Sie können auch nur den Teig backen und danach abkühlen lassen. Perfekt geeigent als XXL-Wrap! Backzeit: 10-12 Min.

ZUBEREITUNG

Backofen auf 200°C Umluft vorheizen. Ein Backblech mit Backpapier belegen. Für den Teig Quark, Eier und Wasser im Mixtopf **10 Sek./Stufe 5** mixen. Restliche Zutaten zugeben und **20 Sek./Stufe 4** mixen. Teig ruhen lassen, bis der Backofen vorgeheizt ist (ca. 10 Min.). Teig auf das Backblech gießen und 10 Min. vorbacken.

Nun das Blech aus dem Backofen nehmen und auf 220°C Umluft hochstellen. Teig mit Pizzasauce bestreichen und mit Gemüse und Mozzarella belegen. Geriebenen Käse darüber streuen und für weitere 10 Min. in den Ofen geben. Fertig!

2 Portionen

DORADE
mit Gemüse

Fisch mit Gemüse aus dem Ofen ist ein ideales Diätgericht.

Sie benötigen kaum Fett und durch die hohe Menge an Protein sind Sie lange satt.

Sie können auch noch ein paar Kartoffelecken mit auf das Blech geben. Je nachdem, ob Sie Kohlenhydrate essen oder lieber darauf verzichten möchten. Die Nährwerte sind ohne Kartoffeln.

PRO PORTION:

396 kcal | 35,9 g EW | 12,5 g KH | 20,5 g Fett

ZUTATEN

1	Dorade (600-800 g)
200 g	grüner Thai-Spargel
200 g	Zucchini
100 g	rote Paprika
100 g	Fenchel
100 g	Karotte

FÜR DIE WÜRZMARINADE

2 EL	Olivenöl
1 EL	mediterrane Kräuter, getr.
1 TL	Salz
1/4 TL	Pfeffer, gem.
1 TL	Paprikapuvler, rosenscharf

Pro Person bleiben ca. 150 g Fischfilet. Servieren Sie dazu etwas Zitrone und/oder würzen Sie mit Gewürzsalz.

ZUBEREITUNG

Gemüse klein schneiden und in eine Auflaufform oder auf ein Backblech geben. Zutaten für die Würzmarinade verrühren und über das Gemüse geben. Alles gut vermengen.

Dorade innen mit Salz, Pfeffer und mediterranen Kräutern würzen.
An der Hautseite ca. 3-5x leicht einschneiden und die Haut mit Olivenöl bepinseln. Fisch auf das Gemüse legen und das Ganze für 25 Min. bei 180°C Umluft in den Ofen geben.

2 Portionen

KICHERERBSEN CURRY

mit Süßkartoffel

PRO PORTION:

kcal 17,6 g EW 59,3 g KH 13,5 g Fett

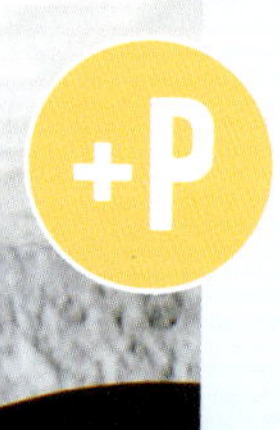

TIPP: Für mehr Protein geben Sie etwas Naturjoghurt auf das fertige Curry. Für mehr Schärfe können Sie noch Chiliflocken darüber streuen.

ZUTATEN

1 rote Zwiebel
1 Knoblauchzehe
1 EL Olivenöl (10 g)
2 TL Currypulver
1 TL Kreuzkümmel, gem.
150 g Süßkartoffel
150 g Paprika
300 g Kichererbsen (Dose)
400 g stückige Tomaten (Dose)
50 g Milch, 1,5%
1 TL rote Currypaste, mild
1 TL Salz
etwas Pfeffer, gem.
1 Handvoll Babyspinatblätter

TIPP: Als Topping können Sie noch geröstete Kichererbsen darauf geben. Rezept siehe Seite 29.

ZUBEREITUNG

Zwiebel und Knoblauch **5 Sek./Stufe 5** zerkleinern. Mit dem Spatel nach unten schieben. Olivenöl, Curry und Kreuzkümmel zugeben und **2 Min./Varoma/Stufe 1** garen.

Süßkartoffel und Paprika in kleine Würfel schneiden und zugeben. Kichererbsen absieben, waschen und zusammen mit den restlichen Zutaten (außer Spinatblätter) zugeben. Das Ganze **15 Min./100°C/↺/Stufe 0.5** garen. Spinatblätter ggf. etwas klein schneiden, mit dem Spatel unter das heiße Curry rühren und zusammefallen lassen. Danach servieren.

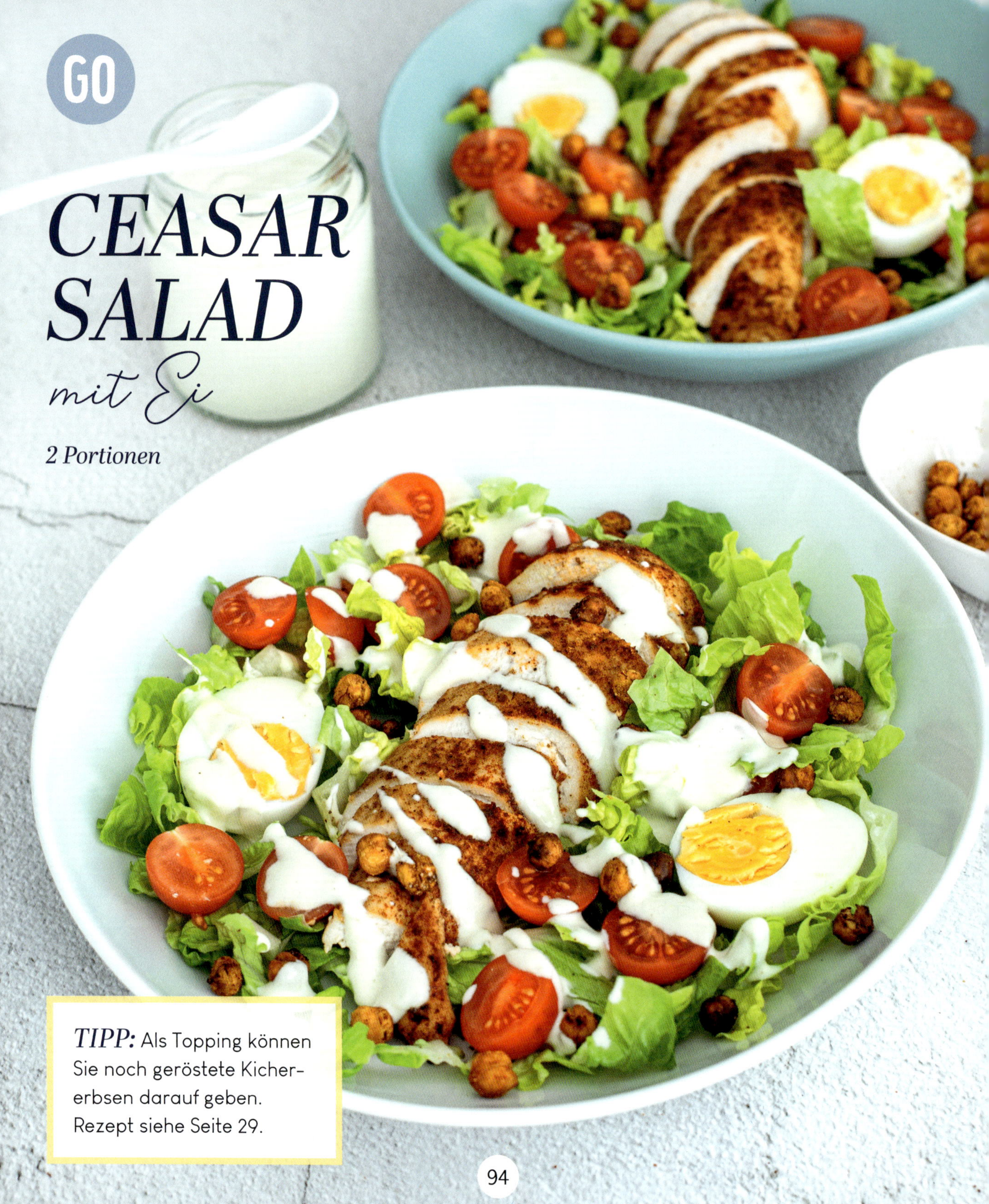

GO

CEASAR SALAD
mit Ei

2 Portionen

> *TIPP:* Als Topping können Sie noch geröstete Kichererbsen darauf geben. Rezept siehe Seite 29.

ZUTATEN

2	kl. Salatherzen
150 g	Cocktailtomaten
2	Eier, hart gekocht
2	Hähnchenbrustfilets (à 200 g)

FÜR DIE MARINADE

1 EL	Öl
1 TL	Worcester Sauce
1 TL	Hähnchengewürz*
1 TL	Paprikapulver, edelsüß

FÜR DAS DRESSING

150 g	Naturjoghurt, 1,5%
1 EL	Parmesan, gerieben (10 g)
1 TL	Senf, mittelscharf
etwas	Salz & Pfeffer
1 EL	Salatmayonnaise

einige Tropfen Worcester Sauce

** Finden Sie im Supermarkt in der Gewürzabteilung.*

PRO PORTION:

kcal | 67,6 g EW | 13,5 g KH | 26,2 g Fett

TIPP: Das Hähnchen können Sie warm oder kalt servieren. Das marinierte Hähnchenfleisch können Sie auch zu sämtlichen Salaten oder Bowls servieren.

ZUBEREITUNG

Backofen auf 200°C Ober-/Unterhitze vorheizen. Zutaten für die Marinade vermengen und Hähnchenbrustfilets damit bestreichen.
Auf ein mit Backpapier belegtes Backblech legen und im vorgeheizten Backofen ca. 20 Min. garen.

In der Zwischenzeit alle Zutaten für das Dressing in einer kleinen Schale verrühren. Salat putzen, waschen und trocknen. Auf zwei Teller aufteilen. Cocktailtomaten und Eier halbieren und darauf geben.
Nach Garzeitende Hähnchen in Streifen schneiden und auf den Salat geben. Dressing darüber geben und servieren.

LACHS BURGER

mit Senfsauce

2 Portionen

PRO PORTION:

546 kcal | 53,7 g EW | 9,9 g KH | 29,6 g Fett

FÜR DAS BURGERBROT

135 g körniger Frischkäse, 0,8% (Hüttenkäse)
3 Eier
20 g Flohsamenschalen, gem.
3 g Backpulver
10 g Proteinpulver, neutral (zum Backen geeignet)
15 g Leinsamen
etwas Salz

FÜR DIE SENFSAUCE

150 g Naturjoghurt, 1,5%
2 TL Senf, mittelscharf
1 TL Honig
1 EL Zitronensaft
etwas Dill, gehackt
etwas Salz & Pfeffer

ZUM BELEGEN

2 Lachsfilets (à 125 g)
1 Tomate
4 Gurkenscheiben
1/4 rote Zwiebel
etwas Blattsalat
etwas Salz & Pfeffer

TIPP: Das Burgerbrot können Sie auch für Sandwiches verwenden. Nährwerte finden Sie hinten im Umschlag.

ZUBEREITUNG

Für die Burgerbrötchen Hüttenkäse und Eier im Mixtopf **10 Sek./Stufe 5** mixen. Restliche Zutaten zugeben und **30 Sek./Stufe 3.5** verrühren. Teig 10 Min. quellen lassen. 4 Teigportionen auf ein mit Backpapier belegtes Backblech geben und zu runden Fladen drücken. Am besten Hände etwas anfeuchten. Im vorgeheizten Backofen bei 160°C Ober-/Unterhitze ca. 20 Min. backen.

In der Zwischenzeit Lachs anbraten. Tomate und Zwiebel in Scheiben schneiden. Alle Zutaten für die Sauce in einer kleinen Schüssel verrühren. Burgerbrötchen mit Salat, Lachs, Zwiebeln, Tomaten und Gurken belegen. Senfsauce darauf geben und genießen.

BAUERNTOPF
Veggie Style

2 Portionen

+P **TIPP:** Für mehr Protein geben Sie noch einen Klecks Naturjoghurt vor dem Servieren darauf.

PRO PORTION:

kcal

21,7 g EW

74,6 g KH

9,3 g Fett

ZUTATEN

1	rote Zwiebel, halbiert
1	Knoblauchzehe
1/2	rote Peperoni, entkernt
1 EL	Olivenöl
120 g	Süßkartoffel
150 g	Kartoffel
120 g	rote Paprika
60 g	Karotte
100 g	rote Linsen
1 Dose	Pizzasauce (400 g)
1 TL	Oregano, getr.
1 TL	Kräuter der Provence, getr.
250 g	Wasser, lauwarm
1 EL	Gemüsebrühpulver
1/2 TL	Paprikapulver, edelsüß
1/2 TL	Currypulver
etwas	Salz & Pfeffer

TIPP: Wer möchte, kann Linsen durch mageres Rinderhackfleisch ersetzen. Hier die Nährwerte mit Hackfleisch:

PRO PORTION
mit Hackfleisch

kcal	432
Protein	19,2 g
KH	49,7 g
Fett	13,6 g

ZUBEREITUNG

Zwiebel, Knoblauch und Peperoni in den Mixtopf geben und **5 Sek./Stufe 5** zerkleinern. Mit dem Spatel nach unten schieben. Öl zugeben und **2 Min./Varoma/Stufe 1** dünsten.

Kartoffeln, Paprika und Karotte in Würfel schneiden und zusammen mit allen restlichen Zutaten zugeben.
Das Ganze **20 Min./100°C/Stufe 0.5** garen. Fertig!

4 Teller

MINESTRONE
mit Fetakäse

PRO PORTION:

176 kcal | 9,6 g EW | 16 g KH | 6,7 g Fett

ZUTATEN

1	rote Zwiebel, halbiert
2	Knoblauchzehen
1/2	rote Peperoni, entkernt
40 g	Stangensellerie
40 g	Karotte
140 g	Zucchini
120 g	rote Paprika
60 g	Brokkoli
400 g	stückige Tomaten (Dose)
400 g	Wasser, lauwarm
1 EL	Gemüsebrühpulver
1 EL	Balsamicoessig, dunkel
1 TL	Olivenöl
1 TL	Paprikapulver, edelsüß
1 TL	ital. Kräuter, getr.
1 TL	Zwiebeln, granuliert
etwas	Salz & Pfeffer
100 g	weiße Bohnen (Glas)
1 Handvoll	Babyspinatblätter
80 g	Fetakäse light, 9% (z.B. Salakis)

TIPP: Wenn etwas von der Minestrone übrig bleibt, können Sie diese als Sauce zu Pasta servieren.

ZUBEREITUNG

Zwiebel, Knoblauch und Peperoni im Mixtopf **5 Sek./Stufe 6** zerkleinern. Gemüse klein schneiden und zusammen mit den restlichen Zutaten (außer Bohnen, Spinat & Fetakäse) zugeben. **18 Min./100°C/ ⟲ /Stufe 0.5** garen.

Abgesiebte Bohnen und Spinatblätter zugeben und nochmal **2 Min./100°C/ ⟲ /Stufe 0.5** garen. Vor dem Servieren mit zerbröseltem Fetakäse bestreuen.

Dazu passt ein bunt gemischter Salat!

Quinoa NUGGETS

20 Stück

PRO STÜCK:

43			
kcal	1,8 g EW	5,2 g KH	1,5 g Fett

ZUTATEN

125 g	Quinoa, weiß o. bunt
600 g	Wasser
1 TL	Gemüsebrühpulver
120 g	Karotten
1/2	rote Zwiebel
50 g	Fetakäse light, 9% (z.B. Salakis)
1	Ei
1 TL	Currypulver
1 TL	Paprikapulver, edelsüß
1/2 TL	Salz
1/4 TL	Pfeffer, gem.
1 EL	Speisestärke (15 g)

Außerdem:

1 EL	Öl zum Bepinseln*

** Tipp: Öl gibt es auch in Form von Sprays, so können Sie Fett sparen.*

TIPP: Geben Sie noch ein paar Maiskörner dazu und braten Sie die Masse in der Pfanne. Auch gut geeignet als Bratling für Burger oder Sandwiches.

ZUBEREITUNG

Quinoa mit heißem Wasser gut waschen. In den Mixtopf geben. Wasser und Gemüsebrühpulver zugeben und **17 Min./100°C/Stufe 0.5** garen. Danach absieben und etwas abkühlen lassen. Mixtopf spülen. Backofen auf 180°C Umluft vorheizen.

Karotte und Zwiebel in Stücken in den Mixtopf geben und **5 Sek./Stufe 6** zerkleinern. Fetakäse zugeben und **3 Sek./Stufe 4** zerkleinern. Quinoa und restliche Zutaten (außer Speisestärke) zugeben und **15 Sek./Stufe 4** mischen. In eine Schüssel umfüllen und Speisestärke unterrühren.

Mithilfe eines Esslöffels 20 kleine Häufchen auf ein mit Backpapier belegtes Backblech setzen. Mit etwas Öl bepinseln und für 15 Min. in den Backofen geben. Danach wenden und nochmal 10 Min. garen. Dazu können Sie einen leichten Dip servieren.

2 Portionen

OFEN-SÜSSKARTOFFEL
mit Lachs

PRO PORTION:

kcal 35,4 g EW 56,7 g KH 19,9 g Fett

ZUTATEN

2	Süßkartoffeln (à 200 g)
1 EL	Öl
150 g	Räucherlachs
etwas	Blattsalat
2 EL	getr. Cranberries
1	kl. grüne Spitzpaprika
4	Radieschen
1/2	rote Zwiebel

FÜR DEN KRÄUTER-QUARK

1	Knoblauchzehe
250 g	Magerquark
1 EL	Wasser
1 EL	Zitronensaft
1 EL	Salatmayonnaise, light
1 EL	TK-Kräuter
etwas	Salz & Pfeffer

TIPP: Die Salatblätter können Sie mit etwas Weißweinessig und Salz und Pfeffer marinieren.

ZUBEREITUNG

Süßkartoffeln waschen und trocknen. Mit Öl einreiben und auf ein mit Backpapier belegtes Backblech legen. Im vorgeheizten Backofen bei 200°C Ober-/Unterhitze ca. 45 Min. garen.

In der Zwischenzeit Quark zubereiten. Knoblauch im Mixtopf **5 Sek./Stufe 5** zerkleinern. Restliche Zutaten für den Kräuterquark zugeben und **10 Sek./Stufe 3.5** mixen.

Lachs mit Salat und Cranberries auf einem Teller anrichten. Paprika, Radieschen und Zwiebel in dünne Scheiben schneiden. Kartoffeln aus dem Ofen nehmen, auf einer Seite einschneiden und die Haut abziehen. Mit Kräuterquark und Gemüse garnieren.

STEAKHOUSE TELLER *aus dem Ofen*

2 Portionen

VEGETARISCHE FILETSTREIFEN von Garden Gourmet

Dazu passt auch gut die *SAUCE OHNE REUE* siehe S. 74

PRO PORTION:

523 kcal | 32 g EW | 47,4 g KH | 19,1 g Fett

ZUTATEN

300 g	Kartoffeln
1 mittelgr. Zucchini	
1	gelbe Paprika
1	grüne Paprika
3-4 EL	Kichererbsen
250 g	Rispentomaten
1 P.	vegetarische Filetstreifen von Garden Gourmet (175 g Packung)*

FÜR DIE MARINADE

1	Knoblauchzehe
1/2	rote Peperoni
15 g	Olivenöl
1 EL	Balsamicoessig, dunkel
1 TL	Currypulver
1 TL	Paprikapulver, geräuchert
1 TL	Knoblauch, granuliert
1 TL	Zwiebeln, granuliert
1 TL	Oregano, getr.
etwas	Salz & Pfeffer

+P

TIPP: Für mehr Protein können Sie noch etwas Fetakäse dazu servieren.

*Alternativ: Hähnchen oder Putenfleisch in einer Pfanne anbraten und dazu servieren.

ZUBEREITUNG

Backofen auf 180°C Umluft vorheizen. Ein Backblech mit Backpapier belegen. Kartoffeln schälen und in Würfel schneiden. Zucchini und Paprika ebenfalls in Würfel schneiden. Alles zusammen mit den Kichererbsen in eine Schüssel geben.

Für die Marinade Knoblauch und Peperoni im Mixtopf **5 Sek./Stufe 6** zerkleinern. Restliche Zutaten zugeben und **10 Sek./Stufe 3** mischen. Marinade zum Gemüse geben und gut vermengen. Gemüse auf das Blech geben und verteilen. Rispentomaten darauf legen und für 20-25 Min. in den Ofen geben. Bei Restzeit 10 Min. die Filetstreifen zugeben. Danach alles zusammen servieren.

WOK SAUCE
mit Kokosmilch

2 Portionen

TIPP: Die Sauce können Sie auch für Bowls verwenden.

SAUCE PRO PORTION:

169 kcal | 5,3 g EW | 13,9 g KH | 10,1 g Fett

ZUTATEN

15 g Ingwer, geschält
3 Knoblauchzehen
1 Stange Zitronengras*
1 TL Erdnussöl
150 g Kokosmilch, fettarm
1 EL milde Currypaste
1 TL Erdnussmus
1/2 TL Zwiebeln, granuliert
1/2 TL Currypulver
1 EL Hot-Garlic-Sauce
1 TL Srirachasauce
4 EL Sojasauce
2 TL Mirin (süßer Reiswein)

**Vom Zitronengras die äußeren harten Blätter entfernen.*

TIPP: Als Wok-Gemüse können Sie z.B. 1 kl. Zucchini, 2 Karotten, 1 Handvoll Erbsen (TK), 1 rote Paprika und 1 rote Zwiebel verwenden. Auch lecker dazu sind Garnelen.

ZUBEREITUNG

Ingwer, Knoblauch und Zitronengras in den Mixtopf geben und **5 Sek./Stufe 6** hacken. Restliche Zutaten zugeben und **20 Sek./Stufe 4** mixen.

Die Wok-Sauce einfach zum gebratenen Gemüse mit in die Pfanne zugeben, etwas köcheln lassen und fertig ist das Wok-Gemüse.

2 Portionen

ASIA TELLER
mit Udon-Nudeln

PRO PORTION:

553 kcal | 17,5 g EW | 70,6 g KH | 19,6 g Fett

+P

TIPP: Wer möchte, kann noch etwas Hähnchenfleisch oder Tofu zugeben.

ZUTATEN

1	rote Paprika
100 g	Brokkoli
1	Karotte
1	Zucchini
1	rote Zwiebel
100 g	Udon-Nudeln
1 EL	Kokosöl zum Anbraten
40 g	Edamame
etwas	Koriander
1	Limette, in Spalten geschnitten

ggf. etwas Chiliflocken

FÜR DIE SAUCE

2–3	Knoblauchzehen
1	rote Peperoni, entkernt
15 g	Ingwer, geschält
25 g	Sojasauce
40 g	Tahini (Sesampaste)
20 g	Mirin (süßer Reiswein)
20 g	Chili-Garlic-Sauce oder Srirachasauce
1 TL	Reisessig
1/2	Limette, Saft davon

NUR SAUCE:

kcal	421
Protein	12,7 g
KH	35,1 g
Fett	25,7 g

TIPP: Tahini (Sesampaste) können Sie auch durch Erdnussmus ersetzen. Sie können das Gericht statt mit Nudeln auch mit Reis zubereiten.

Hinweis: Brokkoli muss nicht vorgegart werden!

ZUBEREITUNG

Zuerst die Sauce zubereiten: Knoblauch, Peperoni und Ingwer im Mixtopf **5 Sek./Stufe 5** zerkleinern. Restliche Zutaten zugeben und **10 Sek./Stufe 2.5** vermengen.

Nun das Gemüse klein schneiden und für die Nudeln Wasser in einem Topf aufkochen. Sobald das Wasser kocht, die Udon-Nudeln mit Salz garen. In dieser Zeit Kokosöl in einer beschichteten Pfanne erhitzen und das Gemüse (außer Edamame) scharf anbraten. Hitze reduzieren und weiter garen lassen. Nun die Edamame zugeben. Gegarte Nudeln, Sauce aus dem Thermomix und Edamame zugeben, vermengen und etwas ziehen lassen. Mit Koriander und Limettenspalten servieren.

Zitronen-HÄHNCHEN

4 Portionen

PRO PORTION:

245 kcal | 38,4 g EW | 8,3 g KH | 6,4 g Fett

ZUTATEN

600 g	Hähnchenbrust-Innenfilets
etwas	Salz & Pfeffer

FÜR DIE SAUCE

15 g	Butter
15 g	Mehl
400 g	Milch, 1,5%
1 TL	Gemüsebrühpulver
1/4 TL	Muskat, gem.
2 EL	Zitronensaft
1/4 TL	Pfeffer, gem.
1/2 TL	Salz
etwas	Petersilie, gehackt

ggf. Zitronenscheiben zum Servieren

TIPP:

Dazu passt sehr gut Reis oder auch grüner Spargel.

Das Rezept kann auch mit Fisch zubereitet werden. Hierzu eignet sich Kabeljau oder Seelachs.

ZUBEREITUNG

Backofen auf 180°C Ober-/Unterhitze vorheizen.

Hähnchenfilets in eine Auflaufform geben und mit Salz & Pfeffer würzen. Für die Sauce Butter in den Mixtopf geben und **2 Min./100°C/Stufe 1** schmelzen. Mehl zugeben und **2 Min./100°C/Stufe 1** anschwitzen. Restliche Zutaten für die Sauce zugeben und **5-6 Min./90°C/Stufe 3** erhitzen.

Sauce über das Fleisch gießen und im vorgeheizten Backofen ca. 20 Min. backen. Das Hähnchen können Sie mit ein paar Zitronenscheiben belegt servieren.

2 Portionen

LINSENPASTA
mit Gemüse

TIPP: Wenn Sie alleine Diät machen, können Sie die 2. Portion am nächsten Tag kalt als Nudelsalat mit zur Arbeit nehmen. Hierzu einfach dann noch mit Essig würzen.

PRO PORTION:

kcal | 34,2 g EW | 57,9 g KH | 9,9 g Fett

ZUTATEN

1/2	rote Paprika
1/2	Zucchini (100 g)
1/2	Aubergine (100 g)
1	rote Zwiebel
200 g	Linsennudeln
1 EL	Olivenöl
1 EL	Tomatenmark
1 TL	ital. Kräuter, getr.
etwas	Salz & Pfeffer
etwas	Gemüsebrühpulver
etwas	Chiliflocken
1 Handvoll Babyspinatblätter	
50 g	Fetakäse light, 9% (z.B. Salakis)

LINSENPASTA

Schon gewusst?
Linsennudeln haben jede Menge Protein. So kommen 125 g Linsennudeln auf 30-33 g Protein!

+P

Im Vergleich:
Normale Nudeln haben gerade mal 13-15 g Protein.

ZUBEREITUNG

Zuerst das Gemüse klein schneiden. Linsennudeln nach Packungsanweisung garen. In der Zwischenzeit Gemüse in einer Pfanne mit Öl anbraten.

Nudeln absieben, dabei 75 g Nudelwasser auffangen. Nudeln mit Nudelwasser, Tomatenmark und Gewürzen mit in die Pfanne geben. Spinatblätter unterheben und kurz zusammenfallen lassen.

Auf 2 Tellern anrichten und mit zerbröseltem Feta bestreuen.

TANDOORI-BLUMENKOHL

mit Reis

2 Portionen

PRO PORTION:

431 kcal	17,5 g EW	61,8g KH	9,6 g Fett

ZUTATEN

1	Blumenkohl
1	gr. rote Zwiebel
80 g	Langkornreis
1.000 g	Wasser
1 Stück	Ingwer (15 g)
1	Knoblauchzehe
2 EL	Tandooripaste
1 TL	Öl
1 TL	Honig
400 g	stückige Tomaten (Dose)
etwas	Salz & Pfeffer

GURKEN-RAITA

1 kl. Handvoll Minze

80 g	Gurke, geschält ohne Kerne
150 g	Naturjoghurt, 1,5%
etwas	Salz
etwas	Paprikapulver, edelsüß
etwas	Kreuzkümmel, gem.

Minze im Mixtopf **5 Sek./Stufe 7** hacken. Gurke in Stücken zugeben und **5 Sek./Stufe 4** zerkleinern. Mit dem Spatel nach unten schieben. Restliche Zutaten zugeben und **10 Sek./Stufe 3** verrühren. Im Kühlschrank 1 Std. durchziehen lassen.

ZUBEREITUNG

Blumenkohl in kleine Röschen teilen, Zwiebel in Spalten schneiden. Beides in den Varoma geben. Reis in den Gareinsatz einwiegen, wieder herausnehmen und unter fließendem Wasser waschen, bis das Wasser klar ist. Wieder einsetzen. Wasser in den Mixtopf füllen, Varoma aufsetzen und das Ganze **22 Min./Varoma/Stufe 1** dünsten. Varoma beiseitestellen, Mixtopf leeren und trocknen.

Ingwer und Knoblauch in den Mixtopf geben und **5 Sek./Stufe 7** hacken.
Mit dem Spatel nach unten schieben. Tandooripaste, Öl und Honig zugeben und **2 Min./Varoma/Stufe 1** dünsten. Stückige Tomaten sowie etwas Salz und Pfeffer zugeben und erneut **2 Min./Varoma/Stufe 1** erhitzen. Sauce mit Gemüse und Reis vermischen und mit Gurken-Raita servieren.

IMPRESSUM

© C. T. Wild Verlag & Handel GmbH
Saueracker 7, D-93309 Kelheim
Tel. 09441 703772-0
Email: info@mixgenuss.de
www.mixgenuss.de

1. Auflage - Mai 2022
ISBN-Nr.: 978-3-96181-049-9

Autorin: Corinna Wild
Gestaltung & Layout: Eva Gruber

Rezeptfotos: © Corinna Wild
Grafiken von AdobeStock: © lenkaserbina,
© okrasiuk

Druck & Bindung:
bonitasprint GmbH, 92224 Amberg

Das könnte Ihnen

AUCH GEFALLEN!

Weitere MixGenuss Bücher und Rezepthefte für den Thermomix finden Sie in unserem Onlineshop **www.mixgenuss.de**

- Platz für eigene Eintragungen -

NOTIZEN